面向"一带一路"互联互通的亚欧物流通道脆弱性及治理研究

王 超 著

The Vulnerability and Governance of
the Asia-Europe Logistics Corridor:
The "Belt and Road" as a Mechanism of Connectivity

中国财经出版传媒集团

经济科学出版社
Economic Science Press

图书在版编目（CIP）数据

面向"一带一路"互联互通的亚欧物流通道脆弱性及

治理研究/王超著. —北京：经济科学出版社，2022.7

ISBN 978 - 7 - 5218 - 3782 - 7

Ⅰ.①面…　Ⅱ.①王…　Ⅲ.①物流 - 国际合作 -

研究 - 亚洲、欧洲　Ⅳ.①F259.3②F259.5

中国版本图书馆 CIP 数据核字（2022）第 108312 号

责任编辑：杨　洋　卢玥丞
责任校对：王肖楠
责任印制：王世伟

面向"一带一路"互联互通的亚欧物流通道脆弱性及治理研究
王　超　著
经济科学出版社出版、发行　新华书店经销
社址：北京市海淀区阜成路甲 28 号　邮编：100142
总编部电话：010 - 88191217　发行部电话：010 - 88191522
网址：www. esp. com. cn
电子邮箱：esp@ esp. com. cn
天猫网店：经济科学出版社旗舰店
网址：http：//jjkxcbs. tmall. com
北京季蜂印刷有限公司印装
710×1000　16 开　12.75 印张　200000 字
2022 年 7 月第 1 版　2022 年 7 月第 1 次印刷
ISBN 978 - 7 - 5218 - 3782 - 7　定价：52.00 元

党的十九大报告指出，新时代中国要以"一带一路"建设为重点，加强创新能力开放合作，形成陆海内外联动、东西双向互济的开放格局。亚欧物流通道作为"一带一路"互联互通的重要载体，承担着沿线国家的大部分货物运输需求。而在"十四五"期间全面深化改革和新一轮对外开放进程中，东西部均衡发展显得更加重要。能否建成内陆改革开放的高地，直接关系到我国全方位、全领域对外开放的深度和广度，关系到发展更高层次的开放型经济的"成色"。

现有关于交通运输的研究多以国家或地区层面的定性分析为主，面向"一带一路"互联互通高质量发展的研究较少，特别是对交通运输业与"一带一路"沿线国家或地区的高质量发展指导作用有限。本书依托循环经济学、计量经济学、枢纽经济、物流运输通道等相关理论，将空间计量模型、贸易引力模型等区域经济理论与分析模型引入"一带一路"互联互通领域。从行业实际发展需求的研究视角出发，本书进行不同空间尺度的实证研究，构建"一带一路"互联互通高质量发展体系；识别"一带一路"互联互通高质量发展特征，解析"一带一路"高质量发展影响因素；尝试夯实"一带一路"高质量发展理论体系基础，为"一带一路"互联互通高质量发展制定引导政策提供依据，为新形势下"一带一路"建设在欧亚地区的纵深推进提供理论支撑的同时，为"一带一路"绿色发展提供科学依据。

全书分为六章。第 1 章为引言，在介绍研究背景、梳理国内外研究的基础上，阐释研究意义，总述本书的研究内容及主要贡献。第 2 章为研究现状，对"一带一路"互联互通研究领域的重要概念与指标进行明确界定。第 3 章为“一带一路”互联互通亚欧物流通道脆弱性形成分析，依次通过对物流枢纽建设对区域经济发展的影响、内陆物流经济国际化风险管理、亚欧物流通道运输服务贸易脆弱性、“一带一路”低碳绿色可持续发展、“一带一路”互联互通“交通—经贸”模式创新发展等方面进行探讨分析。第 4 章为“一带一路”互联互通的亚欧物流通道脆弱性测度分析，从物流枢纽建设对区域经济发展测度、内陆物流枢纽建设风险测度、亚欧物流通道运输服务贸易脆弱性测度、“一带一路”低碳绿色可持续发展脆弱性测度、“一带一路”互联互通“交通—经贸”模式创新评估等方面，通过建立模型与实证研究，系统性地开展“一带一路”互联互通亚欧物流通道脆弱性测度分析。第 5 章为“一带一路”互联互通的亚欧物流通道脆弱性治理研究，分别从物流枢纽与区域经贸发展、内陆物流经济的国际化建设、亚欧物流通道运输服务贸易、亚欧物流通道绿色低碳可持续发展、“一带一路”互联互通“交通—经贸”模式创新发展等方面提出发展策略。第 6 章为研究结论，阐明了本书的主要结论，并提出了“一带一路”互联互通高质量发展的进一步的思考。

　　本书在写作过程中，许多专家给予了无私的支持，在此表示衷心的感谢；其间，笔者作为团队负责人获批陕西高校青年创新团队“可持续交通经济管理创新团队”，可为今后的科研提供更高的研究平台。此外，本书是笔者在课题组成员的共同参与下完成的阶段性成果，他们是姚晓霞、顾永恒、李一帆、张鑫语、武丽敏、雷婷、怀旭、冯雪童、韩凌云和穆库特·西克德（Mukut Sikder）等硕士、博士研究生，在此特别致谢。

　　本书的相关研究与出版得到了国家社会科学基金一般项目（20BJY179）、陕西省社会科学基金（2019D016）、西安市社会科学规划基金重点项目（JG205）、西安市社会科学规划基金（22JX197）、中央高校基本科研业务费项目（300102231666），以及“陕西高校青年创新团队”等的支持。

　　限于笔者的学识和能力，本书的研究深度和广度有待于进一步深化。对于书中各章节的不足之处，还望广大读者和学界同仁批评指正。

王　超

2022 年 6 月

CONTENTS

目 录

第 1 章

引　言

1.1　研究背景和研究意义

1.1.1　研究背景

2013 年 9 月，习近平总书记出席上海合作组织 2013 年峰会过程中访问中亚四国，在哈萨克斯坦演讲时，倡议用创新的合作模式共同建设"丝绸之路经济带"，并提出了要立足于政策沟通、道路联通、贸易畅通、货币流通和民心相通，以点带面、从线到片、逐步形成区域合作新格局，开启了"一带一路"倡议新时代[①]。习近平总书记提出建设"一带一路"的合作倡议，旨在借用古丝绸之路的历史符号，高举和平发展的旗帜，积极发展与沿线国家的经济合作伙伴关系，共同打造政治互信、经济融合、文化包容的利益共同体、命运共同体和责任共同体[②]。而亚太经济合作组织（APEC）是亚太地区最高级别的政府间经济合作机制、是推动区域贸易投

---

①　习近平 13 日出席上海合作组织峰会并发表重要讲话［EB/OL］．中华人民共和国中央人民政府网，2013 – 09 – 13．

②　联播＋｜习近平：通过高质量共建"一带一路"，携手推动构建人类命运共同体［EB/OL］．央视网，2020 – 06 – 19．

资自由化,加强成员间经济技术合作等方面不可替代的组织。共建面向未来的亚太伙伴关系是实现"亚太梦"造福人民的重要途径。2014 年召开的 APEC 峰会主题是"共建面向未来的亚太伙伴关系",习近平总书记在讲话中指出:面对新形势,我们应该加快完善基础设施建设,打造全方位互联互通格局。"互联互通"是一条脚下之路,无论是公路、铁路、航路还是网路,路通到哪里,我们的合作就在哪里。① "互联互通"是一条规则之路,多一些协调合作,少一些规则障碍,我们的物流就会更畅通、交往就会更便捷。"互联互通"是一条心灵之路,你了解我,我懂得你,道理就会越讲越明白,事情就会越来越好办。实现亚太全方位互联互通,就是要让脚下之路、规则之路、心灵之路联通太平洋两岸的全体成员,打通融资贵、融资难的瓶颈,就是要加强公私伙伴关系建设,实现联动式发展。可见,打造互联互通的"一带一路"已成为当前阶段的主要任务。

习近平总书记出席第一届"一带一路"国际合作高峰论坛开幕式并发表主旨演讲,指出要将"一带一路"建成繁荣之路②。推进"一带一路"建设,要聚焦发展这个根本性问题,释放各国发展潜力,实现经济大融合、发展大联动、成果大共享。要深入开展产业合作;要建立稳定、可持续、风险可控的金融保障体系,创新投资和融资模式;要着力推动陆上、海上、天上、网上四位一体的联通,扎实推进六大经济走廊建设,建设全球能源互联网,完善跨区域物流网建设;要促进政策、规则、标准三位一体的联通。随着"一带一路"建设的深入发展,2019 年,习近平总书记在第二届"一带一路"国际合作高峰论坛上提出,"我们一致支持着力构建全球互联互通伙伴关系,加强合作机制。为此,我们将深入对接各国和国际组织经济发展倡议及规划,加强双边和第三方市场合作,建设中欧班列、陆海新通道等国际物流和贸易大通道,帮助更多国家提升互联互通水平。我们参阅了高峰论坛咨询委员会政策建议报告,期待咨询委员会为共建'一带一路'合作和高峰论坛发展提供更多智力支持。我们将坚持多边主义,推动形成以高峰论坛为引领、各领域多双边合作为支撑的架构,使

---

① 【学习笃行】拥抱高铁时代 加快梅汕合作 [EB/OL]. 澎湃新闻, 2019 – 08 – 29.

② 习近平出席"一带一路"国际合作高峰论坛开幕式并发表主旨演讲 [EB/OL]. 新华社, 2017 – 05 – 14.

我们的合作既有理念引领、行动跟进，也有机制保障"。① 从习近平总书记在连续两届"一带一路"国际合作高峰论坛的讲话中可以看出，如何在现有的基础上进一步提升"互联互通"水平，尤其是"设施联通"，已成为"一带一路"的新建设任务②。

2020 年 4 月 10 日，在中央财经委员会第七次会议上，习近平总书记强调，要构建以国内大循环为主体、国内国际双循环相互促进的新发展格局③。2020 年 5 月，习近平总书记进一步提出，要充分发挥中国超大规模市场优势和内需潜力，逐步形成以国内大循环为主体、国内国际双循环相互促进的新发展格局④。党的十九届五中全会通过《中共中央关于制定国民经济和社会发展第十四个五年规划和二〇三五年远景目标的建议》，将"加快构建以国内大循环为主体、国内国际双循环相互促进的新发展格局"纳入其中⑤。2021 年 3 月，《中华人民共和国国民经济和社会发展第十四个五年规划和 2035 年远景目标纲要（草案）》提出，加快构建以国内大循环为主体、国内国际双循环相互促进的新发展格局。由此可见，构建基于"双循环"的新发展格局是党中央在国内外环境发生显著变化大背景下，推动我国开放型经济向更高层次发展的重大战略部署。"双循环"新发展格局为"一带一路"互联互通建设提出了新的要求。

而现代化综合交通运输体系的建设，则为形成以国内大循环为主体、国内国际"双循环"相互促进的新发展格局提供坚强的运输保障。交通运输是畅通国内国际"双循环"的重要纽带和基础支撑，加快建设现代化综合交通运输体系，紧扣运输和衔接两个关键环节，大力提升运输链综合效率，努力缩短循环周期，对于提升经济运行的整体效率具有重要作用。亚欧物流通道作为"一带一路"互联互通的重要载体，是由铁

---

① 习近平在第二届"一带一路"国际合作高峰论坛记者会上的讲话（全文）［EB/OL］. 央广网，2019 - 04 - 28.

② 两届"一带一路"高峰论坛主旨演讲，习近平主席都提到了这四个关键词，背后有何深意？［EB/OL］. 央广网，2019 - 04 - 27.

③ 习近平：国家中长期经济社会发展战略若干重大问题［EB/OL］. 最高人民法院，2022 - 11 - 03.

④ 「中国稳健前行」坚定实施扩大内需战略［EB/OL］. 中国日报网，2020 - 07 - 04.

⑤ 中共中央关于制定国民经济和社会发展第十四个五年规划和二〇三五年远景目标的建议［R］. 新华社，2020 - 11 - 03.

路、公路、海运及航空等不同运输方式组成的综合运输系统，承担着沿线国家的大部分货物运输需求的重任。亚欧陆海贸易大通道的脆弱性研究，对于促进双循环经济发展新格局具有重要意义。以"中欧班列"为例，在"一带一路"发展计划的倡议下，中国和中亚、欧洲各国合作铺设了数条国际铁路，被称为"中欧班列"。中欧班列是由中国铁路总公司所组织，以固定的线路、车次、班期运行于中国、欧洲及"一带一路"沿线国家的集装箱国际铁路联运班列。除了国际定期货运铁路之外，中欧班列还在国际贸易中承担了海铁联运的任务。在国际经贸交往过程中，中欧班列凭借着距离短、速度快、安全性高、成本相对较低等优势，在中国、欧洲乃至东南亚和大洋洲等国家的合作交流中发挥着骨干作用。2019 年全年，中欧班列开行 8225 列，发送 72.5 万标箱；2020年全年，中欧班列开行 12406 列，同比增长 50%，首次突破"万列"大关；2021 年全年，中欧班列共开行 15183 列，运送 146.4 万标箱，同比分别增长 22%、29%，综合重箱率 98.1%[①]。从数据上看，中欧班列连续多年实现高速发展，但也存在开行站点分散、线路重叠、部分城市班列货源不足、回程空载率高等问题，其核心是城市间对开班列存在货物组织和货运能力方面的局限，不利于与现代综合运输体系衔接。着力发展现代物流一体化、增强多式联运，支撑产业链供应链优化升级，有助于加快构建新发展格局。而"物流枢纽"具有货物集散、存储、分拨、转运等功能，是联系各种物流设施和区域物流系统一体化的重要组成，也是实现多式联运无缝连接的关键节点。因此，推动"点对点"到"枢纽到枢纽"运行将成为实现中欧班列"提质增效"的有效途径。

　　目前，我国物流枢纽建设还存在系统规划不足、空间布局不完善、资源整合不充分等问题。鉴于此，经国务院同意，国家发展改革委和交通运输部于 2018 年 12 月联合印发了《国家物流枢纽布局和建设规划》，计划到 2025 年，建设和布局 150 个左右国家物流枢纽，其中内陆地区的物流枢纽占大部分。2021 年 9 月，国家发展改革委发布《"十四五"推进西部陆

---

　　① 跨越山海，中欧班列为沿线各国注入"抗疫动能"［EB/OL］. 中国青年报，2020 - 10 - 20.

海新通道高质量建设实施方案》提出，到 2025 年基本建成经济、高效、便捷、绿色、安全的西部陆海新通道，建设南北纵贯西部地区的物流大通道。

而在经济全球化和物流供应链兴起背景下，内陆物流枢纽的含义要比海港的内陆延伸更丰富、多样，尤其是在发展中国家，其对区域经济发展的驱动效应更应得到关注。在此背景下，打造以国家物流枢纽为中心的"通道＋枢纽＋网络"陆海内外联动运行体系，已成为我国物流基础设施网络建设的新任务，将对中欧班列高质量发展及"一带一路"互联互通"交通—经贸"战略的实施产生显著影响，具有鲜明的时代特征和现实意义。

1.1.2 研究意义

1. 学术意义

亚欧物流通道作为"一带一路"互联互通的重要载体，是由铁路、公路、海运以及航空等不同运输方式组成的综合运输系统，承担着沿线国家的大部分货物运输重任。尤其是在我国加快构建以国内大循环为主体、国内国际"双循环"相互促进的新发展格局的关键时期，如何进一步提升"一带一路"互联互通水平，建设中欧班列、陆海新通道等国际物流和贸易大通道的高质量发展亟须得到学术界的关注。鉴于此，本书将具体展开以下几个方面的研究：

（1）通过开展物流基础设施建设对区域经济发展的影响研究，明确物流枢纽建设对区域经济高质量发展的影响关系，丰富物流枢纽建设必要性的理论依据。同时，为建设和布局内陆物流枢纽提供依据。

（2）通过对"双循环"新发展格局下中国内陆物流经济国际化风险管理的研究，为中国内陆物流经济国际化的可持续发展提供科学依据，为"双循环"新格局下打造内陆循环经济开放新高地提供研究启示。

（3）通过对中国内陆港建设对亚欧通道运输服务贸易脆弱性影响的研究，明确以物流枢纽为代表的物流基础设施建设对亚欧通道综合运输系统的影响，为探讨物流枢纽建设对亚欧物流运输网络的脆弱性分析及治理提供研究基础和科学依据。

（4）通过探讨"一带一路"互联互通交通运输部门碳排放的差异性、亚欧物流通道交通运输碳排放脱钩分析等，为"一带一路"互联互通背景下的亚欧物流通道绿色可持续发展相关的"社会经济""生态环境""交通基础设施"等方面进行全方位、深层次的研究提供参考。

（5）通过对"一带一路"互联互通"交通—经贸"模式发展进行分析，并结合中国内陆港建设对东北亚地区经贸发展的影响研究，以及中国物流基础设施对中韩贸易的促进作用分析研究等，明晰了旺盛的区域经贸往来与亚欧物流通道高质量发展之间的关系，提出亚欧物流通道承担着"一带一路"沿线国家的大部分货运重任，其核心是构建沿线国家的"交通—经贸"利益共同体的学术观点。通过对"一带一路"互联互通"交通—经贸"模式的创新研究，为亚欧物流通道脆弱性及治理研究提供启示和科学依据。

综上所述，本书通过分析物流基础设施、内陆地区物流国际化风险管理、物流通道脆弱性等，既丰富了枢纽经济的研究理论，也可促进亚欧物流通道系统可靠性或脆弱性的研究进程，为新形势下"一带一路"建设在欧亚地区的纵深推进提供理论支撑的同时，为"一带一路"绿色发展及高质量建设提供科学依据。

2. 现实意义

在构建以国内大循环为主体、国内国际"双循环"相互促进的新发展格局背景下，构建"一带一路"互联互通"交通—经贸"物流通道枢纽节点，完善陆海内外联动综合运输体系，可实现国内国外两个市场的深度融合，促进"物流、经贸、产业"协同发展，提升我国物流产业的国际化竞争力，进而改善"一带一路"互联互通亚欧物流通道的脆弱性，保障"一带一路"亚欧物流通道的可持续发展。

同时，本书通过对亚欧物流通道运输网络的脆弱性分析，可促进国家物流枢纽与现代综合交通运输体系顺畅衔接、协同发展，同时通过联动优化策略为国际货运路线决策提供参考；以点带面，形成以国家物流枢纽为核心的现代物流运行体系，促进中欧班列高质量发展，推动"一带一路"

互联互通"交通—经贸"模式的全面实施，有效巩固我国世界第二大经济体和第一大货物贸易国的地位。

1.2 国内外研究现状

1.2.1 亚欧物流通道

党的十九大报告指出，要以"一带一路"建设为重点，尽快形成陆海内外联动、东西双向互济的开放格局。在此之前，习近平总书记就提出了共建丝绸之路经济带的倡议。2013 年 9 月，习近平总书记出席上海合作组织 2013 年峰会过程中访问中亚四国，在哈萨克斯坦演讲时倡议用创新的合作模式共同建设"丝绸之路经济带"，并提出了要立足于政策沟通、道路联通、贸易畅通、货币流通和民心相通，以点带面、从线到片、逐步形成区域合作新格局。① 2013 年党的十八届三中全会通过的《中共中央关于全面深化改革若干重大问题的决定》中明确指出："加快同周边国家和区域基础设施互联互通建设，推进丝绸之路经济带、海上丝绸之路建设，形成全方位开放新格局。"② 2014 年出版的《丝绸之路经济带研究蓝皮书 2014 - 2015》，对未来丝绸之路经济带的发展前景进行了规划，该蓝皮书指出丝绸之路经济带的建设可分"三步走"，即，2014 ~ 2016 年为战略动员期，2016 ~ 2021 年为战略规划期，2021 ~ 2049 年为战略施行期。截至 2022 年 3 月，我国已与 149 个国家、32 个国际组织签署了 200 余份共建"一带一路"合作文件。"一带一路"倡议实施以来，取得了一系列的成果。现在正处于战略施行期，要积极施行相关战略，建设丝绸之路经济带新增长极。

当前，"一带一路"东连世界经济"新引擎"的亚太经济圈，西接发达的欧洲经济圈，被认为是"世界上最长、最具有发展潜力的经济大走

---

① 习近平出席上合组织峰会：传承丝路精神 共创美好明天 ［N］. 人民网，2013 - 09 - 14.
② 审议通过《中共中央关于全面深化改革若干重大问题的决定》［EB/OL］. 央广网，2019 - 11 - 30.

廊"（Wang et al.，2021）。亚欧物流通道作为"一带一路"互联互通的载体，承担着沿线国家的大部分运输重任。随着"一带一路"建设的纵深推进，物流通道的基础战略意义得以表达，它作为沿线地区的经济纽带实现了区域经济的协同发展（Wang et al.，2020）。而在新兴生产组织方式加速兴起和全球经济一体化背景下，重新打通中国对外陆路贸易通道显得尤为重要（马莉莉等，2014）。构建高质量国家物流枢纽，可串联东起东亚韩国和日本，途经中亚西亚，西至欧洲的亚欧物流大通道，有助于发挥物流产业集聚效应，促进资源禀赋有效利用，可为区域经济高质量发展提供一体化现代物流服务的同时，促进沿线国家有效互联互通，对于东北亚经济一体化及与亚洲、欧洲国家间的经贸往来具有深远的战略意义（Wang et al.，2021）。

交通物流基础设施与经济增长之间的相互关系一直被经济学家们所关注。保罗（Paul，1943）在提出的"大推进"理论中，运用内生增长理论解释了交通物流基础设施投资的增长是由经济增长所引发的。罗斯托（Rostow，1960）认为交通物流基础设施视为实现"经济起飞"的重要前提条件之一。阿绍尔（Aschauer，1989）运用新古典经济增长模型分析发现，交通物流基础设施对促进经济增长起重要作用。朱（Chu，2012）提出，交通物流基础设施建设对区域经济增长具有积极的影响。总体来说，大部分经济学者们认为交通物流基础设施对经济增长起促进作用。乌斯曼等（Usman et al.，2013）提出，企业所在国家或地区的物流绩效水平越高，越容易吸引外来投资。加尼（Gani，2017）的研究发现，一个国家的总体物流绩效与其对外经贸增长存在正向关系，而高效的物流系统对促进国际间经贸往来影响显著（Lai et al.，2019）。

同时，"一带一路"正发展成当今最具活力的经济走廊。加强区域内的经贸合作，可促进丝绸之路经济带经济结构协调、区域经济内外联动发展呈现新格局。尤其是将"一带一路"向东延伸，与日韩等市场相连，可对中国的陆海内外联动、东西双向互济起到有效支撑（Wang et al.，2020）。李（Lee，2018）认为，港口连通性和海上物流促进了韩国和中国东北地区之间的贸易流动。崔岩等（2017）及陈等（Chen et al.，2017）的研究发现，交通基础设施质量的提升对"一带一路"沿线国家货物出口产生正向影响。此外，大多数关于贸易决定因素的研究主要关注收入增长（Wang et al.，2014）、自由贸易区（Kang et al.，2009；Kang et al.，2014）和外国直接投资（Im，2007；Jun et al.，2015），对陆港物流相关的内陆物流基础设施的关注仍然较少。

1.2.2　交通运输脆弱性

在国内国际"双循环"和"一带一路"倡议的背景下，内陆改革高地要充分发挥内陆地区与沿海和其他内陆地区、国际物流枢纽节点的协调作用，国内外枢纽节点应协调发展，促进国内国际物流业联动发展。而脆弱性这一概念最先由美国学者提出于地学领域（Timmerman，1981），"地下水脆弱性"定义是地下水遭受外来污染时所产生的自我保护状态。之后，学者们关于脆弱性展开了广泛研究与讨论，并将其应用到了自然科学、经济学、医学等不同学科和领域，针对不同研究对象而言，脆弱性的概念也有所不同，但尚未有明确统一的概念。学者克鲁尔（Krsul，1998）认为系统的脆弱性是指在系统运行的过程中，会表现出的一定程度的不稳定性。比克曼（Birkman，2006）认为脆弱性是系统本身所拥有的属性，并在此基础上对相关词"可靠性""脆性""韧性"等进行了补充辨析，它们都表示系统的抗干扰能力，但又有所不同："可靠性"是指系统在特定的时间或其他条件下，完成特定事件的可靠程度；"脆性"是指系统内某一组分受到攻击或干扰而崩溃时，其他组分所受到的影响，甚至导致系统崩溃的特性；"韧性"则是指系统抵抗外界扰动的能力，以及从扰动中恢复的能力。詹承豫（2009）认为脆弱性不仅仅是一个概念，而是多个概念的集合，既包含了系统自身内部对系统脆弱性的影响，也包含了系统与外界环境相互作用的结果。韩豫等（2012）认为脆弱性是系统由于其本身固有的、客观存在的缺点或风险，而导致的抵御干扰和应对故障及事故能力的不足，最后出现故障和事故的可能后果。刘铁民（2015）认为脆弱性是指对危险暴露程度和风险管理程度的考量，并对其从管理、社会、自然和技术四个方面开展了具体测量。布儒瓦（Bourgois，2016）则将结构脆弱性的相关理论应用到了医学领域的临床试验中。

随着社会进步和经济发展,交通运输网络的脆弱性问题研究开始逐渐得到学者们的关注,并开展了一系列的深入研究。交通系统脆弱性最初被布瑞迪卡(Berdica,2002)定义为对使道路网络服务受到干扰或故障的事件的敏感程度。泰勒等(Taylor et al.,2005)强调了节点的重要性,提出节点之间的连接失效将显著影响网络的可达性,并称其为网络节点的脆弱性。马颖(2006)分析了由城市交通网络、基础设施及运营管理系统等多个子系统共同构成的城市交通系统脆弱性问题。费布拉罗等(Febbraro et al.,2017)运用 Petri 网评估铁路系统所产生事故的间接影响,进而评估铁路系统脆弱性。哈沃克等(Havko et al.,2017)侧重于交通附属设施的脆弱性,研究了交通基础设施面对灾害时的脆弱性。刘等(Liu et al.,2019)基于物联网监控系统提出一种新的城市交通网络脆弱性评估方案。李等(Li et al.,2020)基于熵权 TOPSIS 法构建城市群道路交通脆弱性评价模型并判断城市群与相应城市道路交通脆弱性。

1.2.3 物流经济国际化的风险管理

2014 年 7 月,《国务院关于加快发展生产性服务业促进产业结构调整升级的指导意见》中提出,要完善物流建设和服务标准,引导物流设施资源集聚集约发展,培育一批具有较强服务能力的生产服务型物流园区和配送中心。2016 年 5 月国家发改委在《关于做好现代物流创新发展城市试点工作的通知》中指出,重点发展九大物流区域引导物流资源跨区域整合,并建设十大物流通道,确定了重庆、成都、西安、乌鲁木齐等 20 个城市作为现代物流产业创新发展试点城市,率先在物流管理体制机制方面进行突破。而"一带一路"物流通道不仅是物资通道,还承载着我国商贸对外交流的机遇(Raimbault,2019;Wang et al.,2021)。尤其是在我国加快构建以国内大循环为主体、国内国际双循环相互促进的新发展格局关键时期(盛斌等,2020;苏丹妮等,2020),要依托国家"一带一路"建设的实施,优化双循环的物流基础设施布局(段沛佑等,2020)。

国际物流是物流经济国际化的重要体现。国际物流是经济全球化的重要载体,两者关系紧密,互为支撑。自大航海时代开始,经济全球化进程已推进500多年，历经不同发展阶段，国际物流在各阶段呈现出不同特征（谢雨蓉等，2020）。国际物流与跨境电商之间存在长期互动效应，具体而言，从长期来看，国际物流对跨境电商具有显著正向影响（黄继梅等，2021）。在建设合理有效的国际物流体系中，中国在亚欧大陆桥的基础上，开辟了一条新的物流货运模式，即中欧班列（岳嘉嘉，2022）。"一带一路"为我国对外开放提供了新的发展动力，也对国际物流运输能力提出了更高要求，我国东部沿海经济大省国际物流通道发展水平较高，中西部地区国际物流通道仍然有较强的发展潜力，贸易便利性水平的改善能够在较短时间内缩小区域国际物流通道发展差距（张子扬等，2021）。费少卿（2020）针对"一带一路"关中城市群现代化物流产业体系构建，分析物流产业内部、科技与物流、人力资源与物流、现代金融与物流之间不协同的主要表现。计明军等（2022）在分析影响跨境电商与国际物流发展关键因素基础上，应用系统动力学方法构建仿真模型，对中蒙跨境电商与国际物流协同发展的趋势进行预测，并通过改变企业自身、政府扶持、技术水平等影响因素，分析各因素对二者协同发展的动态影响。曹蓄温（2021）构建回归方程，明确了物流绩效的影响机制，促进我国农产品进口贸易的发展关系。李杰梅等（2021）基于欧氏距离法对地缘经济关系进行测算，并通过扩展引力模型来分析地缘经济关系和物流绩效的对外贸易效应。闫柏睿等（2021）利用RCEP各成员方的物流绩效指数（logistics performance index，LPI），通过多角度分析、探索物流高水平发展的新路径。陆华等（2020）在验证LPI中6个子要素衡量一个国家物流绩效水平合理性的基础上，通过对中东欧17国LPI的平均值、增长率和变异系数进行分析发现，影响中东欧与中国物流绩效的重要因素依次为基础设施水平、物流质量和服务能力、货物追踪性、国际运输能力、海关效率、货物运输时效性。陶章等（2020）以物流绩效指数（LPI）作为研究切入点，运用改进的引力模型进行分析，发现签署贸易协定、国家物流绩效对我国与"一带一路"沿线国家贸易水平有显著的正面影响，国家间的距离则对国家间的整体贸易有显著负面影响。沈子杰（2019）采用面板固定效应模型就我国与"一带一路"沿线国家及其不同区域之间跨境物流发展对我国出口贸易的影响效应进行实证研究。缪鸿（2019）采用传统贸易引力模型实证分析国际物流绩效对我国进出口贸易的影响。张武康(2020)选取交通网络体系、物流配套设施、国际物流公司、信息通信技术、物流运营环境和物流人才储备共六大指标,构建了城市国际物流发展水平评价体系。

对于国际物流的界定,现有的国内研究一致认为国际物流是伴随着国际贸易发展的国内物流的延伸与扩展。国际贸易的发展与国际物流的形成和发展是相辅相成的,国际贸易促进了国际物流的产生与扩张,而国际物流也成为国际贸易发展的重要影响因素(郑晓晏等,2018)。杨长春(2007)在研究中借助格兰杰因果检验方法,基于北美、欧洲和日本三个世界主要贸易活跃经济体的对外贸易量和海运运输量,证实了国际贸易与国际物流的因果关系。储昭昉和王强(2010)的研究强调国际贸易的波动要比经济波动对航空货运的影响更大。李保军(2013)指出国际物流从成本、运输保障方面推动了国际贸易的发展,而国际贸易则反过来推动了国际物流产品的分类以及争端的解决。王红娟(2017)的研究指出,跨境电子商务进一步暴露了国际物流成本高等问题,构建国际物流供应链才能进一步提高国内市场管理能力以及企业跨境合作水平。现有研究成果从各个层面论证了国际贸易与国际物流的相互关系。而经济全球化与国际分工的形成在推动国际贸易进一步扩张的基础上,也促进了国际物流的进一步完善,国际物流体系在经济全球化浪潮中逐步形成。一方面,国际分工的深化使得国际物流的环节逐步完善,国际物流所跨越的国界次数越来越多,运输方式更加多样化,产品种类越来越丰富,同时过境通关、产品商检等问题已成为国际物流的独有环节。另一方面,国际物流的快速发展促进了独立产业运作体系的构建,国际物流企业快速崛起,国际货运代理快速发展,保障国际贸易与国际物流的高效对接。杨子刚和郭庆海(2007)认为经济全球化推动了国际物流系统的形成,未来国际多式联运将成为主要趋势。吴青(2017)的研究指出,国际物流链整合是国际物流产业升级的主要方面。

国际物流的快速发展能够对国际贸易及相关产业产生显著的推动作用,而国际物流的完善与深化发展,则会对国内产业产生更大推动作用。现阶段,从已有的研究成果来看,国际物流产业与国内产业联动发展,相互促进,实现了产业的良性互动,国际物流产业的作用与影响不断扩大,但是产业的联动性仍然有待提升。孔文（2005）指出供应链管理与国际物流管理相辅相成。杨依杭和何晓明（2011）认为，中国国际物流产业快速发展，规模不断扩大，但物流业和制造业的联动效率较低。王之泰（2012）提出，国际物流服务贸易是国际服务贸易的新课题。冀芳和张夏恒（2015）指出，跨境电子商务的发展与跨境物流的发展是相辅相成的。刘海猛等（2016）指出，丝绸之路经济带下要加强中哈物流网络布局与跨境电商平台建设。丁建岚（2017）则建议，西安国际物流港要积极抓住"一带一路"建设机遇。

随着经济的迅猛发展、跨境电商行业的迅速崛起，以及"一带一路"等相关政策的颁布，物流产业的需求愈来愈大，为我国现阶段物流产业带来了前所未有的机遇与挑战，物流产业是基础性产业之一，对我国各区域经济的结构升级和向高质量发展有显著影响。贸易发展引起的商品和旅客交流需求是决定国际运输发展的主要因素。目前，韩国已成为中国第三大贸易伙伴和第一大进口来源国（孙金彦，2020）；而中国也成为韩国最大的贸易顺差来源国、最大的贸易伙伴国和最大的投资对象国（归秀娥，2017）；欧盟则连续多年是中国最大的贸易伙伴国、第一大进口国和第二大出口国，中国则是欧盟的第二大贸易伙伴国、第一大进口国和第二大出口国（孔庆峰等，2019）。国际物流贸易催生国际物流，物流在全球经济增长中发挥着基础性支撑作用，为满足商品和人员在世界范围内流通的需求，国际物流产业不断发展完善。但是，近些年来我国物流业的环境效率在"一带一路"沿线部分地区普遍偏低（Cao，2018），因此应鼓励提高物流业的环境效率水平，促进物流业的协调发展。

国际物流产业的不断发展，不仅能够促进两国的经济技术发展，还能实现两国的经济贸易共同进步，产业协同集聚将有利于现有产品的升级换代，改善双边贸易质量（黄仁刚，2020）。物流产业在空间上的集聚可以有效降低物流企业之间的交易成本，推动地区产业结构的优化与升级，进而带动地区经济的发展，具有显著的经济溢出效应（龚新蜀等，2017；Wang et al.，2021）。而在"双循环"新发展格局下，地处中国内陆地区的物流枢纽将成为国内国外双向开放、陆海联动的新中枢（佟家栋等，2021）。在可持续发展背景下，我国物流业在东部地区的政策推动机制反应比中西部地区更为强烈，促进物流业高质量发展，营造低碳环保与经济效益并存的环境（Liu et al.，2019）。在"创新、协调、绿色、开放、共享"新发展理念的全面贯彻下，内陆地区急需围绕全球生产、流通、贸易的需要，紧抓"一带一路"建设这一契机，加强与世界各国的战略对接。基于我国目前的发展理念和背景，国际物流的发展水平将越来越高，我国应加强与沿线国家的贸易往来。

物流业是社会分工深化和专业程度提高的产物，是促进经济持续增长的重要源泉，商贸流通业与物流业的产业协同发展将会促进国民经济的良性增长（张娟娟等，2019），崔琦等（2020）交通基础设施互联互通将有效削减陆路贸易时间成本，给中国与东盟国家带来经济和贸易的增长，并有助于实现全球经济的帕累托改进。许娇等（2016）运用 GTAP 模型模拟分析"一带一路"六大经济走廊交通基础设施建设的经贸效应。模拟结果显示，"一带一路"经济走廊交通基础设施建设对中国和各大经济走廊的进出口贸易、GDP 增长及中国贸易地区结构改善都将产生积极影响。

物流经济国际化及物流枢纽建设中的风险管理的必要性不能忽视。现代综合交通运输体系通过"交通经济带"对区域经济空间格局产生显著影响（荣朝和，2016），物流枢纽建设需适应区域经济发展不同阶段及经济空间布局的时空需求，遵循运输结构演变阶段性规律（陆化普，2015）。同时，物流枢纽建设过程中还需要考虑到政治、经济、社会、资源、技术等多方面的影响，而这些因素是随着时间、地点、条件改变而不断变化的，这些变化的因素就是不确定性因素，构成了物流枢纽可持续发展过程中的不确定性（Luathep et al.，2011）。不确定性分析，就是分析可能的不确定性因素对城市发展的影响，从而推断枢纽建设过程中出现不确定的概率（曾俊伟等，2017）。高佩等通过采集多种运输方式的节点和线路信息，构建邻接矩阵，设计了"随机干扰"和"定向干扰"两种仿真系统，研究了综合运输网络拓扑结构对网络的服务能力、鲁棒性等方面的影响（高佩和姚红光，2018）。韩言虎等（2018）指出多式联运网络由基础网络、运输服务网络和环境网络构成，风险因素在网络中相互影响、相互作用，共同形成一个风险系统。吕文红等（2019）从指标分布特性、无标度特性和可靠性三个方面论述了复杂网络在交通运输网络中的研究进程和应用现状。

1.2.4 内陆物流枢纽建设与区域经济发展

物流业是支撑国民经济发展的基础性、战略性、先导性产业，是经济的血脉，是畅通国民经济循环的重要环节。中国物流业在产业规模、产业结构、服务品质等多方面已经取得了举世瞩目的成就。当前世界经济正经历百年未有之大变局，中国经济已确立了"以国内大循环为主体、国内国际双循环相互促进的新发展格局"（以下简称"双循环"）的战略定位。与此同时，技术变革加速、用户需求多元、经济高质量发展等已成为中国经济发展面临的基本形势。"一带一路"倡议自实施以来，我国与沿线国家的贸易潜力逐步释放，国际贸易活动越来越频繁。国际贸易的持续发展依托于强大的物流系统，物流通道架起了国与国之间的桥梁，物流效率的提升能够降低物流成本，在一定程度上维持并不断完善国际贸易的发展。可见，物流业的发展势必要顺应形势，支撑和引导经济发展，满足新形势新要求，探寻创新发展的有效路径。在"十四五"期间全面深化改革和新一轮对外开放进程中，东西部均衡发展显得更加重要。能否建成内陆改革开放的高地，直接关系到我国全方位、全领域对外开放的深度和广度，关系到发展更高层次的开放型经济的"成色"。

而在新兴生产组织方式加速兴起和全球经济一体化背景下，重新打通中国对外陆路贸易通道显得尤为重要（马莉莉等，2014）。尤其是在经济全球化和物流供应链兴起的当今，相比于沿海地区，内陆腹地的国际经贸发展逐步得到世界各国的关注，以内陆港为代表的内陆型物流枢纽建设开始增多。而内陆港的含义要比海港的内陆延伸更丰富和多样（Nicolas，2019；Snežana et al.，2019），尤其是在发展中国家，内陆港对区域经济发展的驱动效应更应得到关注（Santos et al.，2017；Moura et al.，2019）。同时，物流基础设施建设将也在促进国际经济贸易交流中扮演更为重要的角色（Wang et al.，2020；王晓娟等，2019），可见，内陆地区的物流枢纽国际化建设一定程度上将承载我国对外经贸发展的新机遇。而"畅通国内大循环、促进国内国际双循环、全面促进消费和拓展投资空间"已在党的五中全会中得到全面探讨。以生产、分配、流通和消费构成循环理论，是经济循环运作的大系统,物流则是产业链、供应链重要的黏合剂,是提升经济循环系统运行效率的催化剂(Santos et al., 2017)。物流产业国际合作,不仅能够促进两国的经济技术发展,还可以实现两国经济贸易的共同进步(彭广宇等,2017)。物流产业的集聚可以有效降低物流企业之间的交易成本,推动地区产业结构的优化与升级,进而带动地区经济的发展,具有显著的经济溢出效应(龚新蜀等,2017)。而"交通基础设施+物流服务网络"可推动区域物流资源及物流产业的集约化发展,成为经济发展的"加速器"(Wang et al., 2020)。因此,高质量构建国家物流枢纽可串联东起东亚韩国和日本,途经中亚西亚,西至欧洲的亚欧物流大通道,有助于发挥物流产业集聚效应,促进资源禀赋有效利用,可为区域经济高质量发展提供一体化现代物流服务的同时,促进沿线国家有效互联互通,对于东北亚经济一体化及与亚洲、欧洲国家间的经贸往来具有深远的战略意义(Wang et al., 2021)。

内陆物流枢纽节点建设与布局对贸易的影响。内陆枢纽城市在国内外物流网络中,起着中介性作用,是强化出口贸易通道和支持地区经济多元化发展的重要设施和门户。众多学者将研究视角定于内陆港的效率与贸易之间的关系,黄洁等(2017)运用贸易引力模型研究内陆节点云南省的物流效率,得出效率的提升促进贸易额增加的结论。牛进(2018)运用 DEA 模型研究"一带一路"重要节点郑州市,将交通运输业、仓储业和邮政业投资总额,交通运输业、仓储业和邮政业从业人员,从业人员平均工资水平作为投入指标,交通运输货运量、货物周转、交通运输业邮政业增加值作为产出指标,研究得出经济发展水平、货运量、区位因素对于物流效率的影响较大。郭清娥等(2018)运用 DEA 模型研究"一带一路"上 11 个内陆型节点城市的物流业效率,将从业人数、固投、道路面积作为投入指标,总货运量、货物总周转量、邮电业务总量、销售总额、货物进出口总额作为产出指标。李平(2020)运用 DEA 模型研究重庆港的物流效率,地区 GDP、地区第三产业 GDP、地区高速公路里程数、地区铁路里程数作为投入指标,港口货物吞吐量和港口集装箱吞吐量作为产出指标。张晟义等(2022)运用 DEA 方法研究乌鲁木齐国际港口的物流效率,在梳理相关文献的基础上,将货运量、民用车辆拥有量作为投入指标,地区生产总值、货运周转量、邮政业务总量作为产出指标，发现港口的辐射能力逐年提升。在研究内陆型港口物流效率的基础上，蒋随（2020）利用 DEA 模型研究 29 个沿海和内陆节点城市的物流效率，发现沿海节点城市的物流效率高于内陆节点城市。由此，应积极建设内陆型港口，充分发挥其在国际物流和国际贸易中的作用。

关键物流通道开通对贸易的影响。在"枢纽 + 通道 + 网络"的物流体系建设过程中，通道的基础建设有利于降低物流的成本，提升物流效率。王景敏等（2021）运用 DEA 模型研究西部陆海新通道物流效率，将物流业从业人数、物流固定资产投资额和物流网络里程数作为投入指标，物流业增加值、物流货运量、物流货运周转量作为产出指标，研究启示加强国家对沿线各省份物流资源要素配置的宏观调控，强化政府在通道建设的作用。从通道建设情况来看，张子扬等（2021）研究国家物流通道的建设情况，贸易便利性的不断提高，加快了物流通道的建设，研究发现自"一带一路"建设实施以来，西部地区物流运输能力明显增强，陕西省国际物流高地的作用不断凸显。在国际物流网络体系中，关键物流通道的开通能够节省时间成本和物流成本，具有贸易效应，提高物流效率促进国际贸易发展。方行明等（2020）做了中欧班列开通的准自然实验，将贸易开放度设为被解释变量，将是否开通中欧班列作为解释变量，利用双重查分法研究二者之间的影响和空间异质性，结果显示中欧班列的开通显著提升了城市贸易开放度。张梦婷等（2021）也做了以上实验，因变量为出口额，自变量为是否开通中欧班列，并采用贸易引力模型做收入水平、地理距离和要素密集度的异质性分析，研究发现中欧班列的开通能较好地促进我国与运行沿线国家间的经贸联系。此外，周学仁等（2021）将开通班列的城市和未开通班列的城市进行对比分析，以中欧班列开通作为准自然实验，基于双重差分方法构建了国际运输通道对中国进出口增长影响的识别框架，发现相较于未开通中欧班列的城市，开通城市的出口和进口均显著增长。从上述文献可以看出，各国要加快建设国际物流通道的进程，充分发挥通道的贸易载体作用，发挥通道贸易增长效应。

物流网络结构优化对贸易的影响。结合上述通道开通情况，刘晓宇等（2021）发现中欧班列的开通会进一步影响节点城市的贸易与物流网络的结构，通过物流网络的作用加大了辐射效应，促进了节点城市间的贸易往来。文思涵等（2018）充分运用轴辐式的物流网络，优化了我国国内中欧班列的路径，解决了中欧班列不同线路间的恶性竞争和货源分散等问题，进一步促进了依托于中欧班列的国际贸易发展。另外，在构建物流网络和网络优化方面，国外研究较早且较为成熟。凯利等（Kelly et al.，1996）最先提出了根据枢纽数目 p 解决轴辐网络枢纽设施选址问题的p-HMP模型，在特定的假设条件下确定枢纽的位置和辐点的指派。拉西（Rasi，2018）以逆向物流为研究对象，通过双目标模糊优化数学模型设计了以供应链总成本和延迟时间最小为目标的高效物流网络，并运用布谷鸟算法对逆向物流网络具备的不确定性进行改进。国内学者更集中于物流网络优化的设计。刘荷等（2014）将轴辐物流网络的构建方法应用到海峡西岸经济区，构建了以三个物流圈为核心的海西区物流网络。梁晨等（2019）结合主成分分析和 Matlab 对构建的物流综合发展水平指标以成本最低为目标进行求解，基于轴辐理论构建了京津冀地区的多枢纽混合轴辐式物流网络。

内陆港作为一种特殊的交通物流基础设施，是在内陆非海港（口岸）地区集中实现货物集散、存储、分拨、转运和口岸服务功能的物流枢纽和物流活动组织中心。内陆港在中国的兴起时间较晚，先行研究主要关注的是内陆港作为物流枢纽，其规划、运营和管理等方面的问题（Monios et al.，2013；Raimbault，2019；Tadic et al.，2019），通过梳理先行研究可以发现，内陆物流枢纽建设与区域经济发展的契合关系已得到论证。威尔斯梅尔等（Wilmsmeier et al.，2011）研究表明，有"外进"和"内出"两条主流研究方向以推动内陆港发展研究。文斯特拉等（Veenstra et al.，2012）以荷兰为例研究欧洲"外进"内陆港的运管管理模式，莫尼斯等（Monios et al.，2013）阐述了内陆港的"内出"研究理论和研究方法。而维特等（Witte et al.，2014）及维格曼等（Wiegmans et al.，2015）则关注了内陆港的空间和体制建设。

1.2.5　综述

近年来，中国区域经济合作的推进、自贸区建设工作的开展及"一带一路"建设的提出与推动极大地带动了中国各项产业的发展，当然也显著推动了国际物流的快速发展与进步，同时国际物流的发展又为中国发展战略的推进和实施提供了良好的支持。基于对国内外相关文献进行梳理，我们可以发现：

首先，虽有部分学者已开始关注物流基础设施对贸易发展的影响（徐梅，2018；Wang et al.，2021），但关于内陆港建设的研究仍然较少，尤其是关于内陆港建设对"一带一路"互联互通"交通—经贸"发展模式的研究还比较少。由于内陆港建设将会对国际经贸往来中的国际货物组织和国际货物运输方式起到重要影响，本书在"一带一路"互联互通"交通—经贸"战略的背景下，应当充分考虑陆海内外联动、东西双向互济的新形势需求，分析内陆物流枢纽建设与经贸发展的关系。

其次，先行学者分别从不同视角对物流的国际化发展进行了研究，大多研究将物流运输作为影响区域经贸发展的因素进行考虑，虽有部分学者也已开始关注地处内陆地区的物流枢纽国际物流效率以及内陆港的国际化发展路径，但内陆物流枢纽建设远比沿海地区更为复杂，因此，内陆地区参与国际经贸合作进程中的国际物流及其基础设施建设研究显得尤为重要。此外，"一带一路"绿色发展相关的内陆地区物流枢纽的国际化建设对物流运输体系的节能减排及绿色物流建设相关的研究也没有得到足够的关注（刘德智等，2020；Wang et al.，2020）。

最后，通过梳理发现，现有研究在分析过程中一定程度上忽略了内陆经济国际化建设中的可持续发展问题，而可持续发展的关键即需要对造成可持续发展影响的风险因素进行事先识别、评估、应对措施。虽然有少数学者考虑到以内陆港建设为抓手，研究其与区域经贸发展的相关性，但针对中国内陆物流经济国际化风险及应对策略研究并不多。在"双循环"新发展格局下，地处中国内陆地区的物流枢纽将成为国内国外双向开放、陆海联动的新中枢（林发勤等，2021；佟家栋，2021）。在"创新、协调、绿色、开放、共享"新发展理念的全面贯彻下，内陆地区亟须围绕全球生产、流通、贸易的需要，紧抓"一带一路"建设这一契机，加强与世界各国的战略对接。

基于现有文献的基础，本书得到以下三点启示。

1. 关于"一带一路"互联互通物流通道的脆弱性研究

物流枢纽节点建设对"一带一路"互联互通亚欧物流通道运输系统的影响可用脆弱性来描述。当前,"一带一路"陆上运输的主要交通运输方式为铁路运输。其中,中欧班列发展面临的主要挑战是货运质量和货运能力的保障工作。本书将物流枢纽建设和布局引起的运输服务贸易显示性竞争归纳为"一带一路"亚欧物流通道运输系统的运输服务贸易脆弱性问题。脆弱性是指当系统受到攻击时,由于缺乏应对能力而使其运行偏离稳态的特性,交通运输领域已开展相关的脆弱性研究(Bruno et al.,2010;Watling et al.,2012)。而物流业是支撑国民经济发展的基础性、战略性、先导性产业。当前,中国经济已确立了"以国内大循环为主体、国内国际双循环相互促进的新发展格局"(以下简称"双循环")的战略定位(高炜等,2021)。"一带一路"倡议自实施以来,我国与沿线国家的贸易潜力逐步释放,国际贸易活动越来越频繁。国际贸易的持续发展依托于强大的物流系统,物流通道架起了国与国之间的桥梁,运输服务贸易水平的提升能够降低物流成本,一定程度上维持并不断完善国际贸易的发展。随着商品生产的不断发展和交换范围的日益扩大,运输服务贸易也得到相应发展,而运输服务贸易的发展又为国际贸易开拓更广阔的市场提供了可能和便利。因此,改善亚欧物流通道的运输服务贸易脆弱性可进一步促进"一带一路"互联互通的高质量发展。

2. 关于"一带一路"互联互通"交通—经贸"发展研究

交通运输与经济发展之间的关系研究一直是学界长期关注的热点问题。"丝绸之路经济带"东连世界经济"新引擎"的亚太经济圈,西接发达的欧洲经济圈,被认为是"世界上最长、最具有发展潜力的经济大走廊"(Wang et al.,2021)。而在"十四五"期间的全面深化改革和新一轮对外开放进程中,东西部均衡发展显得更加重要。能否建成内陆改革开放的高地,直接关系到我国全方位、全领域对外开放的深度和广度,关系到发展更高层次的开放型经济的"成色"。本书将在全方位梳理研究问题的基础上,结合有关学者的研究,以建设"一带一路"亚欧贸易大通道物流枢纽节点为契机，聚焦于中国内陆地区参与"一带一路"互联互通"交通—经贸"发展研究，进一步充实和完善"循环经济"在"双循环"格局下的落地应用。尤其是在"一带一路"背景下中国内陆港建设对亚欧通道沿线不同经济发展水平国家之间的"交通—经贸"发展模式的影响也亟须得到关注。

3. 关于"一带一路"绿色发展研究

2022 年 3 月，国家发展改革委等部门发布《关于推进共建"一带一路"绿色发展的意见》指出，推进共建"一带一路"绿色发展，是践行绿色发展理念、推进生态文明建设的内在要求，是积极应对气候变化、维护全球生态安全的重大举措，是推进共建"一带一路"高质量发展、构建人与自然生命共同体的重要载体。作为国民经济的支柱性、战略性和先导性产业，物流业是重要的碳排放源，其产业关联度高，对其他行业碳排放具有显著的辐射与拉动作用，物流业的低碳化发展对"一带一路"沿线国家加快建立健全绿色低碳循环发展经济体系至关重要，而区域性发展不均衡将会阻碍绿色物流整体产业链资源协调整合。目前，"一带一路"沿线物流基础设施建设还存在一些短板，物流区域性布局不平衡问题较为突出，将进一步影响"一带一路"高质量发展。因此，如何通过改善以"物流枢纽"节点为代表的物流基础设施，有效降低物流运输的碳排放，将会对"一带一路"互联互通的高质量发展产生重要的影响。

1.3 研究内容

1.3.1 研究对象

亚欧物流通道作为"一带一路"互联互通的重要载体，是由铁路、公路、海运及航空等不同运输方式组成的综合运输系统，承担着沿线国家的大部分货物运输需求的重任。尤其是在我国加快构建以国内大循环为主体、国内国际双循环相互促进的新发展格局的关键时期，如何进一步提升

"一带一路"互联互通水平，促进亚欧物流通道的高质量发展亟须得到学术界的关注。本书拟将循环经济、脆弱性、风险管理、低碳经济等理论引入到亚欧物流通道中，在国家物流枢纽建设和布局的背景下，展开专门的关于亚欧物流通道运输网络脆弱性治理的研究。

1.3.2　总体框架

中国作为世界第一大货物贸易国、第二大经济体，中国的内陆经济腹地广阔。而在全球化和物流供应链兴起背景下，"一带一路"互联互通不仅体现的是物资运输通道的畅通，还面临着中国及沿线国家经贸对外交流的机遇，让世界分享中国的发展成果，实现共同繁荣。在此背景下，本书结合国家物流枢纽建设的布局，以及发展"一带一路"经贸合作建设的基础之上，将循环经济、脆弱性治理、风险管理、低碳经济等理论引入"一带一路"互联互通亚欧物流通道的脆弱性研究，并对物流枢纽建设对区域经济高质量发展影响、"一带一路"互联互通背景下的中国内陆地区物流经济国际化风险管理、"一带一路"互联互通亚欧物流通道运输服务贸易脆弱性、"一带一路"低碳绿色可持续发展，以及"一带一路"互联互通"交通—经贸"模式创新发展五个方面展开了专门的关于"一带一路"互联互通亚欧物流通道运输网络脆弱性治理的研究。

首先，本书通过物流基础设施建设对区域经济发展的影响分析，明确了物流枢纽建设对区域经济高质量发展影响关系；其次，本书通过"双循环"新发展格局下中国内陆物流经济国际化风险管理研究、中国内陆港建设对亚欧物流通道运输服务贸易脆弱性影响研究等，明晰了以物流枢纽为代表的物流基础设施对亚欧物流通道综合运输系统的影响规律，为探讨物流枢纽建设对亚欧物流运输网络的脆弱性分析及治理提供了研究基础和科学依据；再次，本书结合《"一带一路"绿色发展意见》中的要求，分别探讨了"一带一路"交通运输部门碳排放的差异性、亚欧物流通道交通运输碳排放脱钩分析等，对"一带一路"互联互通背景下的亚欧物流通道绿色可持续发展相关的"社会经济""生态环境""交通基础设施"等方面进行全方位、深层次的探讨，以期为"一带一路"绿色发展提供理论参考；最后，本书通过对"一带一路"互联互通"交通—经贸"模式发展进行分析，并结合中国内陆港建设对东北亚地区经贸发展影响研究，以及中国物流基础设施对中韩贸易的促进作用分析研究等，明晰了旺盛的区域经贸往来与亚欧物流通道高质量发展之间的关系，提出亚欧物流通道承载着"一带一路"沿线国家的大部分货运的重任，其学术观点的核心是构建沿线国家的"交通—经贸"利益共同体，这也符合"一带一路"倡议，即打造政治互信、经济融合、文化包容的利益共同体、命运共同体和责任共同体。

1.4 研究方法

1.4.1 基本思路和可行性

1. 基本思路

习近平总书记指出，面对新形势我国应该加快完善基础设施建设，打造全方位互联互通格局[①]。实现亚太全方位互联互通，打通融资贵、融资难的瓶颈，加强公私伙伴关系建设，实现联动式发展。在此背景下，本书通过对"一带一路"物流基础设施对区域经济影响、物流国际化风险管理、国际运输服务贸易脆弱性、低碳交通与绿色物流，以及"一带一路"互联互通"交通—经贸"模式协同发展五个方面展开探讨，辨析"一带一路"互联互通的脆弱性的形成因素，梳理相关因素对"一带一路"互联互通高质量建设的影响关系。从不同的纬度开展全面的分析研究，进而对亚欧通道运输网络脆弱性治理进行一个全面审视和总体分析。

2. 可行性

（1）交通设施集约整合促进供应链全要素的高效配置。

"交通—经贸"相结合的物流枢纽建设可以影响区域经济发展模式和经济发展结构，进而形成产业链要素的聚集效应。统筹补齐物流枢纽设施

---

① 网络强国战略——习近平与"十三五"十四大战略 ［EB/OL］. 央视网，2015 – 11 – 12.

短板,加强物流枢纽设施薄弱地区特别是"一带一路"沿线国家或地区物流软硬件设施建设,支持物流枢纽设施短板突出地区结合产业发展和城市功能定位,推动国家物流枢纽网络空间结构进一步完善,可对区域经济发展形成显著的驱动效应。

（2）力促交通运输转型升级。

中欧班列延续了古老驼队的运输、沟通交流作用,成为践行"交通—经贸"的推动力量之一。随着中欧班列的集结效应日益凸显,带动了内陆物流枢纽的"陆、海、空"综合运输发展。依托"多式联运、无缝对接",以国际贸易物流运输为抓手,我国中西部城市逐渐形成了门类齐全的现代物流服务业体系,正在成为"一带一路"上极具吸引力的内陆型国际中转枢纽港、经贸物流集散中心,有力推进了从单一陆港物流中心向"一带一路"互联互通"交通—经贸"综合枢纽的转变。

（3）推进内外物流产业联动新局面。

"一带一路"倡议的提出和中欧班列的蓬勃发展,为全球的物流供应提供了新的实现途径。"一带一路"互联互通"交通—经贸"模式对中欧班列提质增效,构建内地对外开放新格局作用显著。可实现我国经济腹地与国际市场的直接对接,对优化地区产业结构的调整和升级提供了强有力的支撑。

1.4.2 研究思路

1. 物流枢纽建设对区域经济高质量发展影响研究

（1）自 1978 年改革开放以来,中国经济在过去几十年中以惊人的速度增长。在促成中国增长的众多因素中,本书特别关注一个被广泛认为是国家经济发展主要"催化剂",即物流基础设施建设对区域经济发展的影响。本书拟在向量自回归（VAR）和向量误差校正模型（VECM）框架下,对 2000~2017 年中国物流基础设施与经济发展之间的因果关系开展针对性地探讨与分析。

（2）为研究交通基础设施门槛效应下关中城市群旅游业对区域经济的影响关系,本书基于 2006~2019 年关中城市群十个城市的面板数据,运用门槛回归模型分析交通基础设施固定投资和公路密度为门槛变量下旅游业对区域经济的影响。

2. "一带一路"互联互通背景下的中国内陆地区物流经济国际化风险管理研究

在国内国际"双循环"相互促进的新发展格局下，中国内陆地区的物流经济国际化建设显得尤为重要。为应对物流经济国际化建设进程中的风险管理问题，通过选取地处内陆的西安作为研究对象，把与物流经济发展紧密联系的西安国家物流枢纽建设风险划分为 4 个一级指标和 13 个二级指标，利用专家评分，构建模糊综合评价模型，使用熵权法对数据进行归一化处理，对物流枢纽建设的风险进行全面识别，综合评估，探讨西安的物流经济国际化风险及应对战略。

3. "一带一路"亚欧物流通道运输服务贸易脆弱性研究

为研究"一带一路"背景下中国内陆港建设对亚欧通道沿线不同经济发展水平国家"交通—经贸"的影响，推动沿线地区经济协同发展，选取亚欧通道沿线 24 个经济体 2010 ~ 2019 年相关经济数据，一方面基于拓展的贸易引力模型对影响沿线国家进出口贸易的因素进行实证分析，并将研究样本按照发达国家和发展中国家进行分组回归，探讨中国内陆港建设对不同样本组的影响；另一方面通过测算沿线国家显示性比较优势指数，分析各国运输服务贸易国际竞争力水平，并概括其脆弱性影响因素。

4. "一带一路"低碳绿色可持续发展研究

（1）亚欧物流通道是"一带一路"沿线国家的重要交通运输平台。亚欧物流通道在极大促进地区国家经济社会发展的同时，也带来了巨大的能源消耗和二氧化碳（CO_2）排放挑战。为了评估这些需求，本书结合了 Tapio 脱钩模型和对数平均除数指数（LMDI）来分析交通部门发展与 CO_2 排放之间的影响关系。

（2）交通运输部门是重要的经济部门，也是 CO_2 排放的重要来源。由于这些环境影响和降低排放水平的实现，本书通过考察 2000 ~ 2014 年

51 个"一带一路"经济体（国家或地区）交通运输部门 CO_2 排放的异质性和空间自相关性。而作为分析的一部分，本书还通过使用 Theil 指数和半变异函数进一步分析了"一带一路"经济体（国家或地区）交通运输部门 CO_2 排放的异质性影响关系。此外，本书还通过 Moran 指数对"样本国家"进行分析，探讨了其交通部门 CO_2 排放的全球和本地空间自相关性。

5. "一带一路"互联互通"交通—经贸"模式发展研究

（1）近年来，随着世界经济重心向亚洲转移，东北亚经济圈逐渐成为全球经济最活跃的区域之一，域内国家 GDP 总量约占全球总量的 1/5 以上，而中国与俄罗斯、日本、韩国等主要经济体之间的经贸往来也日益密切。因此，本书拟通过分析 2000～2018 年中国内陆港建设与俄罗斯、日本、韩国三国之间的经贸发展关系，探讨内陆港建设对区域经贸发展的影响。

（2）作为东亚紧邻的两国，中国与韩国自 1992 年建交以来，两国经贸往来日益活跃。而在众多要素中，本书重点关注了以"内陆港"为代表的物流基础设施发展在促进韩国 GDP 和国际贸易方面的重要作用。鉴于韩国的产业和经济结构，物流基础设施很可能在支持经济发展方面发挥了关键作用。韩国是一个开放型经济体，严重依赖与其他国家的国际贸易。2018 年韩国的贸易依存度为 66.25%，在工业化国家中仅次于德国的 71.22%（Wang et al.，2021）。具体而言，由于缺乏自然资源，韩国必须从国外进口绝大部分商品用于工业投入。此外，由于与朝鲜的地缘政治关系，作为一个事实上的岛国，保持与其他国家的海上连通性对于经济活动至关重要。事实上，2019 年韩国 69.9% 的国际贸易价值是通过海上运输实现的，海运的份额在重量方面变得更高，约 7.55 亿公吨的韩国进出口是通过海运完成的，重量相当于跨境交易的 95.1%（Wang et al.，2021）。因此，物流基础设施发展对韩国经济增长的影响值得学术界关注。对此，本书拟探讨这两个因素之间的因果关系和因果关系的方向，使用 1990～2017 年的数据集估计向量自回归（VAR）和向量纠错模型（VECM）框架下的因果关系。物流基础设施数据集包含 7 个变量，代表三种主要运输方式（空运、海运和陆运）和政府对社会间接资本的支出。经济增长由进出口、出口、进口、国内生产总值和人均国内生产总值之和来代表。

第 2 章

研究现状

2.1 "一带一路"互联互通

2013 年"一带一路"倡议的提出,秉持着"共商、共建、共享"的基本原则,成为了经济全球化发展的新路径和构建新型国际关系的新平台。而"一带一路"的目的是聚焦互联互通,即政策沟通、设施联通、资金融通、贸易畅通和民心相通,与沿线国家互利共赢、共同发展。政策沟通是互联互通的基础和保障,设施联通是互联互通的重要领域,资金融通是互联互通的有利条件,贸易畅通是互联互通的重点内容,而民心相通则是互联互通的根基保障。其中,"设施联通"强调了优先发展基础设施建设,以提升沿线国家交通运输网络的相互连通水平。尤其是交通运输的互联互通是"一带一路"建设的基础支撑、重要保障,扮演着"先行官"的关键角色。亚欧物流通道作为"一带一路"互联互通的重要载体,是由铁路、公路、海运及航空等不同运输方式组成的综合运输系统,承担着沿线国家的大部分货物运输需求的重任,已逐步发展成串联亚太与欧洲两大经济圈的贸易大通道,是亚欧国际运输服务贸易提质增效的重要体现。

在全球经济一体化的大背景下,中国持续增加改革开放力度,地处亚欧大陆东西两端的亚太和欧洲两大经济圈之间交流日益加深。欧盟统计局数据显示,中国已成为欧盟最大的商品贸易伙伴。虽受新冠肺炎疫情的影响,但中欧双方仍在 2021 年实现了贸易稳步增长,据欧盟统计局 2021 年 8 月 13 日公布的数据显示,2021 年上半年,欧盟 27 国对中国贸易额为 3227 亿欧元,同比增长 17.1%。其中,欧盟对中国出口 1126 亿欧元,增长 20.2%;自中国进口 2101 亿欧元,增长 15.5%;逆差 975 亿欧元,增长 10.4%。中国保持欧盟第一大贸易伙伴、第一大进口来源地、第三大出口市场,占比分别为 16.0%、21.8%、10.7%。与此同时,中国也成为韩国最大的贸易顺差来源国、贸易伙伴国和投资目标国,中国还是日本最大的出口目的国。而基于运输时效的考虑,不少日本、韩国的物流企业正尝试在本国港口接收货物后发送至中国,通过中欧班列将货物运至欧洲的丝绸之路多式联运新模式(李国旗等,2015)。可见,以中国为"链接键"的东西双向互济的开放新格局已然铺就开来。而亚欧物流通道不仅是物资运输通道,还面临着沿线国家经贸对外交流的机遇。尤其是在中国加快构建以国内大循环为主体、国内国际双循环相互促进的新发展格局的关键时期,构建现代物流服务体系,创新"一带一路"互联互通"交通—经贸"发展模式显得尤为重要。而共建"一带一路"互联互通的新平台、共谋"一带一路"发展共赢的新机遇,实现强化多点合作、多方协同,共建"东西双向互济、陆海内外联动"国际经贸合作发展新格局的目标逐渐成为"一带一路"沿线国家的共同愿望。

2.2　内陆物流枢纽

根据《辞海》中的定义,"枢"指事物的重要部分或中心部分;"枢纽"比喻重要的地点或事物的关键所在。在交通运输领域,枢纽被称为"运输枢纽"(transport hub),是指在两种或两种以上运输方式衔接的地区,办理客货运输业务而设置的各种运输设施的综合体。

运输枢纽是指运输网络中有较大规模客货运输生成源的主要结点,并由一组或多组客货运输站场构成的为进行客货运输生产和为旅客/货主能够集体性便利地利用公共运输的基础设施,强调是为旅客和货物的集疏运和中转，以及货物的装卸、仓储、信息服务、中介代理等提供服务，并进行相应的运输组织活动，使旅客和货物运输更有效率、更顺利地完成全程运输，既可以简单地概括，"运输枢纽"是为了满足客货运输作业需要而建设的基础设施。其规模主要取决于当地的对外运输量和中转量，也与整个运输网络的组织模式有关。运输枢纽形成的根本前提是所在地区有较大的客货运输需求生成源、区域客货流的主要汇点和中转地，而不仅仅是交通运输网络的结点。

在运输枢纽内，既有不同运输方式的客货到发，又有同一运输方式间的客货中转，还有运输方式间的客货联运，以及相应的各种运输工具的技术作业等。其设备包括港口、机场、车站、运输线路、仓库，以及起重装卸、到发、中转、联运、编解、维修保养、物资供应、安全和导航等机构。运输枢纽是综合运输网的重要组成部分，对整个运输网的发展和布局有着极其重要的意义。运输枢纽大多形成于大工业中心、大城市、大港口、大农产品集散中心和军事要地，按衔接的运输方式可分为水陆运输枢纽、陆路运输枢纽和水陆空运输枢纽等。在石油原油生产或炼油业发达的国家或地区，管道运输亦为枢纽的组成部分。按其担当的作业性质，可分为运网性运输枢纽和地区性运输枢纽。前者是主要为运输网中干线运输办理大量中转作业的运输枢纽；后者是主要为地区（如工业区）服务的运输枢纽。

1. 国家物流枢纽

物流枢纽是以促进物流资源整合、降低物流成本、提高物流效率为目标，以集聚、扩散和中介为主要功能，由一定空间范围内多种具有业务联系的设施构成的设施群（李国旗等，2015）。根据《国家物流枢纽布局和建设规划》，国家物流枢纽分为陆港型、港口型、空港型、生产服务型、商贸服务型、陆上边境口岸型等6种类型，其选择的区域、类型分布相对均衡，按照需求分布在全国各个地区，有利于支撑"一带一路"建设、京津冀协同发展、长江经济带发展、粤港澳大湾区建设、长三角区域一体化发展、西部陆海新通道等重大战略实施和促进形成强大国内市场。物流枢纽具有货物集散、存储、分拨、转运等功能，是联系各种物流设施和区域物流系统一体化的重要组成，也是实现多式联运、无缝连接的关键节点，因此,推动"点对点"到"枢纽到枢纽"运行将成为实现中欧班列"提质增效"的有效途径。目前,我国物流枢纽还存在系统规划不足、空间布局不完善、资源整合不充分等问题。

2021 年 11 月,为贯彻落实《中华人民共和国国民经济和社会发展第十四个五年规划和 2035 年远景目标纲要》关于"推进 120 个左右国家物流枢纽建设"的工作部署,国家发改委印发了《关于做好"十四五"首批国家物流枢纽建设工作的通知》(以下简称《通知》),将 25 个枢纽纳入"十四五"首批国家物流枢纽建设名单。其中,东部地区 8 个,中部地区 6 个,西部地区 8 个,东北地区 3 个。根据该规划,计划到 2025 年,建设和布局 150 个左右国家物流枢纽,在此背景下,以国家物流枢纽为依托的干支配有机衔接,既是现代物流发展理论的发展方向,更是现代产业物流系统建设需要解决的实践问题。同时,加快构建联通内外、交织成网、高效便捷的"通道 + 枢纽 + 网络"物流运作体系,推动形成国家物流枢纽网络框架和基础支撑,促进区域均衡协调发展,已成为新时期物流经济发展的新任务。

2. 内陆港建设与陆港物流

在经济全球化和物流供应链兴起的背景下,相比于沿海地区,以内陆港为代表的内陆型物流枢纽建设开始增多,而内陆物流枢纽的含义要比海港的内陆延伸更丰富多样。内陆港通常被称为无水港、陆港或国际陆港,是在内陆地区依托铁路、公路、机场等重要交通枢纽,并依照有关国际法规、条约和惯例设立的对外开放港口,是沿海港口、陆路边境口岸在内陆经济中心城市的支线港口、海关监管窗口和现代物流操作平台(Wang et al.,2020)。根据联合国贸易和发展会议的定义,内陆港是指进出口货物可由海关托运并可指定为过境货物的原产地和目的地的特定地点。内陆港作为一种特殊的交通物流基础设施,是在内陆非海港(口岸)地区集中实现货物集散、存储、分拨、转运和口岸服务功能的物流枢纽和物流活动组织中心。

伴随"一带一路""西部陆海新通道"及"自由贸易试验区"等在内陆地区主要城市的加快建设,沿海港口、陆路边境口岸与不临海、不靠边城市之间的经济联系日益密切，资源共享、货物直通、通关互认、互利共赢的需求日趋迫切，一大批内陆港将在各级政府的积极推动下孕育而生，进而推动区域经济和外贸经济的快速发展。而内陆港作为沿海港口在内陆经济中心城市的支线港口和现代物流的操作平台，其对内陆地区经济以及陆港物流发展的影响需要得到关注。

2.3　亚欧物流通道

运输通道又称"运输走廊"，在一定区域内连接主要交通流发源地，有共同流向，一般有可供选择的几种运输方式组成的宽阔地带。其形成取决于一个国家或地区的地理、历史条件、自然资源状况、生产力布局及经济发展水平。著名的"丝绸之路"可以看作是亚欧物流通道的雏形。现代运输通道不少是在古代道路基础上发展起来的，是社会经济发展对运输需求急剧扩大的产物。

运输通道有不同层次和等级，按范围大小分国际运输通道、国家运输通道、区际运输通道和区内运输通道。其基本特征是：

（1）常常是几种运输方式干线组成的地带，没有明确的边界，但也可以是单一的运输干线。

（2）所经地带一般经济发展水平较高，人口集中，客货流密集。

（3）在运输体系中占重要地位，以占运输网线路较小比例的干线承担较大比例的客货运输量。

《公共运输词典》中对交通运输通道的解释为：在某一区域内，连接主要交通流发源地，有共同流向，有几种运输方式可供选择的宽阔地带。美国交通工程专家赫·W. 威廉（William W. Hay）对交通运输通道的解释为："在湖、河流、溪谷、山脉等自然资源分布、社会经济活动模式、政治等因素的影响下而形成的客货流密集地带，通常由多种运输方式提供服务"（William，1982）。张国伍教授认为："某两地之间具有已经达到一定规模的双向或单向交通流，为了承担此强大交通流而建设的交通运输线路的集合，称之为交通运输通道"（张国伍，2014）。

而通道（corridor），又可称为走廊、廊道，本意就与"行"有关，之所以前面加上"运输"二字，是为了区别其在现代社会的其他用途。运输通道应当包括综合运输通道（comprehensive transportation corridors，CTC）和以单一运输方式为主的运输通道（single-mode transportation corridors，STC），例如高速公路运输通道（highway corridors）、铁路运输通道（rail-way corridors）等。

而亚欧物流通道是由多种运输方式和不同类型物流枢纽交织而成的交通运输网络。作为"一带一路"互联互通的重要载体，亚欧物流通道是由铁路、公路、海运及航空等不同运输方式组成的综合运输系统，承担着沿线国家的大部分货物运输需求。

当前，"一带一路"已成为当今世界上最具活力的经贸走廊，亚欧物流通道作为"一带一路"互联互通的载体，承担着沿线国家的大部分运输需求。随着"一带一路"建设的纵深推进，物流通道的基础战略意义得以显现，其作为沿线地区的经济纽带实现了区域经济的协同发展（Wang et al.，2020）。

在亚欧物流通道中占据主导地位的是中欧班列。亚欧之间的物流通道主要包括海运通道、空运通道和陆运通道，中欧班列是按照固定车次和路线开行的一系列往来于中国与欧洲及"一带一路"沿线各国的集装箱国际铁路联运班列。中欧班列以其运距短、速度快、安全性高的特征，以及安全快捷、绿色环保、受自然环境影响小的优势，已经成为国际物流中陆路运输的主要方式。截至 2020 年，共铺划了西、中、东三条中欧班列运行线，分别是：西部通道由我国中西部经阿拉山口（霍尔果斯）出境，中部通道由我国华北地区经二连浩特出境，东部通道由我国东南部沿海地区经满洲里（绥芬河）出境。截至 2021 年 8 月底，中欧班列累计开行 10030 列，发送集装箱 96.4 万标箱，同比分别增长 32%、40%，较上一年提前 2 个月实现年度开行破万列。与此同时，中欧班列已铺画 73 条运行线路，通达欧洲 23 个国家的 170 多个城市，构建了一条全天候、大运量、绿色低碳的陆上运输新通道①。中欧班列物流组织日趋成熟，班列沿途国家经贸

---

① 中欧班列今年开行超万列［EB/OL］. 央视网，2021 – 09 – 02.

交往日趋活跃，国家间铁路、口岸、海关等部门的合作日趋密切，这些有利条件，使铁路进一步发挥国际物流骨干作用，为丝绸之路从原先的"商贸路"变成产业和人口集聚的"经济带"起到重要作用。中欧班列是"一带一路"的重要组成部分，为沿线数亿民众送去实惠，开创了亚欧陆路运输新篇章，是沿线国家互利共赢的桥梁纽带。

2.4 风险管理与脆弱性

风险管理是指以降低风险的消极结果为目的的决策过程，通过风险识别、风险估测、风险评价，并在此基础上选择与优化组合各种风险管理技术，对风险实施有效控制和妥善处理风险所致损失的后果，从而以最小的成本收获最大的安全保障（Chang et al.，2016）。有学者认为脆弱性是系统本身所拥有的属性，并在此基础上对相关词"可靠性""脆性""韧性"等进行了补充辨析，它们都表示系统的抗干扰能力，但又有所不同（Birkman，2006）。系统的脆弱性是指在系统运行的过程中，会表现出的一定程度的不稳定性（Krsul，1998）。还有部分学者将结构脆弱性的相关理论应用到了医学领域的临床试验之中（Bourgois，2016）。由此可见，脆弱性是系统本身所固有的客观存在的，受一些干扰因素或事件的影响导致服务水平下降的敏感系数，是度的概念。通过脆弱度可表述系统所遭受危害的影响程度及系统的适应程度。另外，脆弱性这一概念的提出在一定程度上使风险理论更加完善，脆弱性是在风险存在的前提之下而产生的。脆弱性研究则是识别系统的脆弱程度。许多学者将脆弱性作为解释性概念引入其他模型、研究领域或理论框架中去，以期逐步发展和完善脆弱性理论研究（陈艳芳，2021；Wang et al.，2020；万欣，2016；李青，2020）。

物流枢纽对亚欧物流通道运输系统的影响可用脆弱性来描述。该脆弱性是指"交通—经贸"模式协同发展过程中可能存在的风险和不足，也即物流经济国际化建设进程中的风险管理问题，而当前中欧班列发展面临的主要挑战则是货运质量和货运能力的保障工作。本课题将此归纳为亚欧物流通道运输系统的脆弱性问题。脆弱性是指当系统受到攻击时，由于缺乏应对能力而使其运行偏离稳态的特性，交通运输领域已开展相关的脆弱性研究（Bruno et al.，2010；Watling et al.，2012）。

　　通过对"一带一路"互联互通亚欧物流通道的脆弱性分析，促进国家物流枢纽与现代综合交通运输体系顺畅衔接、协同发展的同时，通过联动优化策略为国际货运路线决策提供参考；以点带面，形成以国家物流枢纽为核心的现代物流运行体系，可促进中欧班列高质量发展，进而推动"一带一路"互联互通"交通—经贸"模式的全面实施。

第3章

"一带一路"互联互通的亚欧物流
通道脆弱性形成分析

3.1 物流枢纽建设对区域经济发展影响研究

国家物流枢纽是物流体系的核心基础设施，是辐射区域更广、集聚效应更强、服务功能更优、运行效率更高的综合性物流枢纽，在全国物流网络中发挥关键节点、重要平台和骨干枢纽的作用。国家物流枢纽将配合京津冀协同发展、长江经济带发展、粤港澳大湾区建设、长三角一体化发展等国家重大战略实施需要，撬动区域经济新增长。2018年12月21日，国家发展改革委、交通运输部印发《国家物流枢纽布局和建设规划》，贯彻落实党中央、国务院关于加强物流等基础设施网络建设的决策部署，科学推进国家物流枢纽布局和建设。截至2022年，国家已先后三批发布国家物流枢纽建设名单，共70个国家物流枢纽。

2019年国家发展改革委、交通运输部联合印发《关于做好2019年国家物流枢纽建设工作的通知》，共有23个物流枢纽入选2019年国家物流枢纽建设名单，其中东部地区10个、中部地区5个、西部地区7个、东北地区1个，涵盖陆港型、空港型、港口型、生产服务型、商贸服务型、陆上边境口岸型等6种类型，区域、类型分布相对均衡，有利于支撑"一带一路"建设、京津冀协同发展、长江经济带发展、粤港澳大湾区建设、长三角区域一体化发展、西部陆海新通道等重大战略实施和促进形成强大国内市场。

2020 年 10 月,国家发展改革委、交通运输部联合印发《关于做好 2020 年国家物流枢纽建设工作的通知》,共有 22 个物流枢纽入选 2020 年国家物流枢纽建设名单。

2021 年 11 月,为贯彻落实《中华人民共和国国民经济和社会发展第十四个五年规划和 2035 年远景目标纲要》关于"推进 120 个左右国家物流枢纽建设"的工作部署,国家发展改革委印发了《关于做好"十四五"首批国家物流枢纽建设工作的通知》,将 25 个枢纽纳入"十四五"首批国家物流枢纽建设名单。其中,东部地区 8 个,中部地区 6 个,西部地区 8 个,东北地区 3 个。

国家物流枢纽是集中实现货物集散、存储、分拨、转运等多种功能的物流设施群和物流活动组织中心,是物流体系的核心基础设施,是辐射区域更广、集聚效应更强、服务功能更优、运行效率更高的综合性物流枢纽,在全国物流网络中发挥关键节点、重要平台和骨干枢纽的作用。因此有必要开展以国家物流枢纽为代表的物流基础设施建设与区域经济发展的影响研究。

3.1.1　中国物流基础设施建设与经济增长的相互影响

2020 年 6 月 2 日,国家发展改革委、交通运输部发布《关于进一步降低物流成本的实施意见》(以下简称《意见》)。《意见》指出,要降低物流成本,加大物流基础设施建设支持力度,加大中央预算内投资、地方政府专项债券对国家物流枢纽、国家骨干冷链物流基地等重大物流基础设施建设的支持力度。2022 年 1 月 18 日,《"十四五"现代综合交通运输体系发展规划》(以下简称《规划》)发布。《规划》指出,强化交通运输网络基础设施建设是"十四五"现代综合交通运输体系发展的重点工作之一,到 2025 年,要完善设施网络、提高国家综合立体交通网主骨架能力利用率。

物流基础设施是指在供应链的整体服务功能上和供应链的某些环节上，满足物流组织与管理需要的、具有综合或单一功能的场所或组织的统称，主要包括公路、铁路、港口、机场、流通中心及网络通信基础等。自1978年改革开放以来，中国经济在过去的几十年里以惊人的速度增长。在促进中国增长的过剩因素中（Wang et al.，2020），本书特别关注物流基础设施，尤其是内陆港为代表的陆港物流基础设施建设（见图3-1），它被广泛引用为一个国家经济发展的主要催化剂。

图3-1 西安国际港务区

资料来源：本书课题组拍摄于西安国际港务区。

本书研究了中国物流基础设施与经济发展之间的长期均衡关系，以及从前者到后者的因果关系。研究还发现，与海上运输相关的基础设施对促进中国经济和国际贸易发挥着关键作用。在最近的十年中，中国是世界第二大经济体，中国国内生产总值（GDP）的份额从1978年的1.7%增长到2018年的15.8%（见图3-2）。同样，中国已成为世界制造业中心，2018年，中国在国际贸易（进出口总额）中所占比重为11.7%，比1978年的0.8%有了大幅增长。

1. 研究模型

本书采用基于VAR模型的Granger检验研究了中国物流基础设施与经济发展之间的因果关系。VAR模型的基本概念是每个变量都是自身和

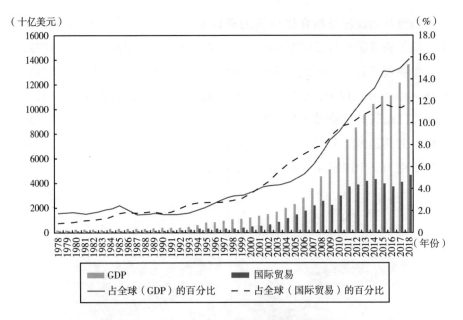

图 3 - 2　中国 GDP 和世界贸易（1978～2018 年）

资料来源：世界银行。

其他变量过去值的线性函数，因此在航运和物流的相关研究中，VAR 模型在分析多元时间序列方面得到了广泛的应用。本书中的 VAR 在数学公式表达如下：

$$\Delta L_t = c_1 + \sum_{i=1}^{p} \alpha_{1i}\Delta L_{t-i} + \sum_{j=1}^{p} \beta_{1j}\Delta E_{t-j} + \varepsilon_{1t}$$

$$\Delta E_t = c_2 + \sum_{i=1}^{p} \alpha_{2i}\Delta L_{t-i} + \sum_{j=1}^{p} \beta_{2j}\Delta E_{t-j} + \varepsilon_{2t} \qquad (3-1)$$

在运用 VAR 模型之前，首先检验各个时间序列的平稳性及一对物流基础设施与经济发展指标之间是否存在协整关系，分别在 ADF（1981）、KPSS（1992）和 PP（1988）进行平稳性检验。在 Johansen 检验中，原假设不协整，且不超过 1 个协整。对于协整向量个数的检验，提出了两个似然比统计量，当这两个值大于临界值时，称一对时间序列是协整的。似然比统计计算如下：

$$\lambda_{trace} = -2\ln(Q) = -T\sum_{i=r+1}^{p} \ln(1-\hat{\lambda}_i) \qquad (3-2)$$

$$\lambda_{max} = -2\ln(Q) = -T\ln(1-\hat{\lambda}_i) \qquad (3-3)$$

当一对时间序列协整时，在 VECM 框架下进行因果检验，VECM 框架也是检验航运和物流研究中领先滞后关系或溢出效应的流行方法。对物流基础设施和经济发展变量的二元 VCEM 进行估计，公式如下：

$$\Delta L_t = c_1 + \sum_{i=1}^{p} \alpha_{1i} \Delta L_{t-i} + \sum_{j=1}^{p} \beta_{1j} \Delta E_{t-j} + \gamma_1 ECT_{t-1} + \varepsilon_{1t}$$

$$\Delta E_t = c_2 + \sum_{i=1}^{p} \alpha_{2i} \Delta L_{t-i} + \sum_{j=1}^{p} \beta_{2j} \Delta E_{t-j} + \gamma_2 ECT_{t-1} + \varepsilon_{2t} \quad (3-4)$$

其中，ECT_{t-1}是误差修正项，该项包含关于变量对之间长期平衡的信息。

物流基础设施发展数据集由 9 个变量组成：航空运输选择空运货物重量和空运旅客数量；海上运输的发展以船只进出次数（海港船只交通）和中国海港吨位的货物处理能力（海港货物处理能力）来衡量；陆路运输分析了等级公路长度、铁路长度和货运卡车数量。此外，还包括物流基础设施的另外两个代理，即物流行业的劳动力数量和政府物流基础设施支出。对于经济发展数据集，选取 5 个指标进行分析：EXIM 为进出口之和。表 3 - 1 提供了时间序列数据的描述性统计和测量单位。

表 3 - 1　　中国物流基础设施与经济发展指标描述性统计（2000~2017 年）

	变量	单位	平均数	中位数	最大值	最小值
物流指标	航空货运	（万吨）	433	427	706	171
	航空旅客	（万人次）	24699	21151	55156	6722
	港口船舶交通	（船舶数量）	14073	16965	19824	5380
	港口货物处理能力	（万吨）	809838	783446	1432891	219679
	公路	（万公里）	335	380	477	140
	铁路	（万公里）	9	8	13	6
	卡车	（万台）	14353	9728	39422	2234
	工人	（人）	3981567	3362849	5783962	2774039
	基础设施	（亿元）	25228	24169	57193	5658
经济指标	进出口	（亿元）	168107	173423	278099	39273
	出口	（亿元）	91379	97011	153309	20634
	进口	（亿元）	76728	76412	124790	18639
	国家 GDP	（亿元）	383135	333881	820754	100280
	人均 GDP	（元）	28432	25140	59201	7942

2. 分析检验

作为研究中国物流基础设施与经济发展之间因果关系的第一步,本书检验了时间序列数据在本书中使用的平稳性。表3-2分别给出了水平和第一个对数差的单位根或平稳性检验的结果。由于结果表明,每个时间序列都有一个单位作为研究中国物流基础设施与经济发展之间因果关系的第一步,本书检验了时间序列数据在本书中使用的平稳性。

表3-2　　　　　　　　　　　　　单位根检验结果

变量		水平			1st 区分		
		ADF	KPSS	PP	ADF	KPSS	PP
物流指标	航空运费	0.070	0.557**	0.508	-5.074**	0.140	-4.946**
	航空乘客	5.878	0.560**	12.841	-5.366***	0.196	-5.389***
	海港船舶交通量	-2.902*	0.522**	-1.372	-1.696	0.355*	-3.350**
	海港货物处理量	-1.835	0.557**	0.215	-0.844	0.450*	-0.983
	公路	-12.996***	0.530**	-1.154	-4.077*	0.219	-4.077*
	铁路	-0.468	0.551**	0.564	-6.011***	0.102	-5.376***
	卡车	0.829	0.537**	8.094	-1.420	0.201	-1.420
	工人	-0.898	0.473**	-0.049	-3.241**	0.151	-2.971*
	基础设施	3.477	0.595**	10.211	-4.109**	0.500**	-3.236**
经济指标	进出口	-0.853	0.545**	-1.153	-2.743*	0.416*	-2.743*
	出口	-2.885*	0.549**	-1.079	-2.698*	0.424*	-2.698*
	进口	-0.939	0.536**	-1.000	-2.753*	0.378*	-2.779*
	国家 GDP	4.366	0.554**	3.689	-2.082	0.276	-2.159
	人均 GDP	3.826	0.554**	3.215	-2.089	0.269	-2.165

注:表中 ***、**、* 分别表示在1%、5%、10%统计意义上显著。

在检验了物流基础设施和经济发展指标的平稳性后,本书进一步研究了协整关系,因为协整的存在影响了因果检验的模型规范。表3-3显示了物流与经济变量之间不存在协整(r=0)和至多一个协整(r≤1)的原假设下的 Johansen 检验结果。trace 和 max 统计表明,物流基础设施与经济发展之间的时间序列存在长期关系,并在1%和5%的水平上对统计的显著性进行了检验。

表3-4显示的是 VAR 和 VECM 估计以及格兰杰因果检验的结果。研究结果表明,物流基础设施与经济发展之间的存在性和因果关系走向各不

表 3 - 3 Johansen 协整检验结果

变量	H_0	进出口		出口		进口		国家 GDP		人均 GDP	
		λ_{trace}	λ_{max}	λ_{trace}	λ_{max}	λ_{trace}	λ_{max}	λ_{trace}	λ_{max}	λ_{trace}	λ_{max}
航空运费	r = 0	13.680	9.649	15.434	11.636	11.980	9.016	21.873 ***	21.202 ***	21.922 ***	21.457 ***
	r≤1	4.032 **	4.032 **	3.799	3.799	2.964	2.964	0.670	0.670	0.465	0.465
航空乘客	r = 0	20.943 ***	19.267 ***	20.874 ***	19.784 ***	20.740 ***	17.765 **	20.167 ***	16.805 **	20.088 ***	17.525 **
	r≤1	1.676	1.676	1.090	1.090	2.974	2.974	3.362	3.362	2.563	2.563
海港船舶交通量	r = 0	15.053	11.430	12.166	8.282	17.580 **	14.231	13.541	12.492	14.158	12.738
	r≤1	3.623	3.623	3.885 **	3.885 **	3.349	3.349	1.049	1.049	1.420	1.420
海港货物处理量	r = 0	22.541 ***	22.042 ***	14.902	13.983	22.691 ***	22.410 ***	8.708	8.704	8.504	8.499
	r≤1	0.499	0.499	0.919	0.919	0.280	0.280	0.004	0.004	0.005	0.005
公路	r = 0	8.981	7.425	8.141	6.694	10.002	8.476	8.351	8.082	8.154	7.959
	r≤1	1.556	1.556	1.447	1.447	1.526	1.526	0.268	0.268	0.194	0.194
铁路	r = 0	16.597 **	16.482 **	14.972	14.905 **	17.523 **	17.122 **	25.769 ***	21.634 ***	25.812 ***	22.344 ***
	r≤1	0.115	0.115	0.067	0.067	0.401	0.401	4.135 **	4.135 **	3.468	3.468
卡车	r = 0	15.906 **	14.435 **	14.335	12.851	17.638 **	16.546 **	18.711 **	18.093 **	18.780 **	18.041 **
	r≤1	1.471	1.471	1.484	1.484	1.092	1.092	0.618	0.618	0.738	0.738
工人	r = 0	6.704	5.028	6.268	4.627	6.988	5.494	19.984 **	16.136 **	18.937 **	15.754 **
	r≤1	1.676	1.676	1.641	1.641	1.494	1.494	3.848	3.848	3.183	3.183
基础设施	r = 0	11.383	9.603	12.309	10.486	10.364	8.324	17.304 **	14.074	16.793 **	14.134
	r≤1	1.780	1.780	1.823	1.823	2.040	2.040	3.230	3.230	2.659	2.659

注:***、**、* 分别表示在 1%、5%、10% 统计意义上显著。

表 3 - 4　VAR 和 VECM 估计和因果检验结果

分类	进出口		出口		进口		国家 GDP		人均 GDP	
	ΔL	ΔE	ΔL	ΔE	ΔL	ΔE	ΔL	ΔE	ΔL	ΔE
航空运费										
ECT	0.332	1.867**					0.532	1.900***	0.544	1.897***
ΔL_{t-1}	0.181	0.008	0.289	2.088**	-0.074	0.349	-0.614	-1.354***	-0.623	-1.354***
ΔL_{t-2}	0.108	0.515	0.158	-0.192			-0.326	-1.001***	-0.334	-1.000***
ΔL_{t-3}	-0.235	0.651	0.046	0.227			-0.117	-0.314***	-0.120	-0.312***
ΔL_{t-4}			-0.228	0.727						
ΔE_{t-1}	-0.470***	-0.536	-0.441**	-0.516	-0.007	0.185	-0.512***	-0.076**	-0.510***	-0.074***
ΔE_{t-2}	0.064	0.298	0.098	0.592			-0.848	-0.126**	-0.837	-0.122***
ΔE_{t-3}	0.260*	-0.298	0.283*	-0.360			-0.907	-0.135***	-0.909	-0.132***
ΔE_{t-4}	0.210*	-0.346	0.168	-0.462						
c	0.006	-0.073	0.015	-0.058	0.095***	0.067	-0.023*	-0.013*	-0.023*	-0.013***
ΔE 不会引起 ΔL	3.954		3.715		0.002		2.493		2.449	
ΔL 不会引起 ΔE	1.430		1.506		0.601		3.476*		3.516	
航空乘客										
ECT	-0.480	5.855***	0.098	0.395**	-1.570***	1.202	-1.870**	1.725***	-1.372**	0.423
ΔL_{t-1}	-0.266	-3.197***	-0.646***	0.867*	0.153	-0.272	0.880*	-1.122***	0.076	-0.144
ΔL_{t-2}	0.009	-1.398**	-0.111	0.981*			0.766**	-0.570**		
ΔL_{t-3}	0.189	-0.295	0.183	0.634			0.486**	-0.127		
ΔE_{t-1}	-0.262	0.611*	-0.009	-0.233	-0.186*	-0.129	-0.510*	-0.534***	-0.357	-0.192
ΔE_{t-2}	-0.235	0.226	-0.062	-0.272			-0.171	-0.680***		

续表

分类		进出口		出口		进口		国家 GDP		人均 GDP	
		ΔL	ΔE	ΔL	ΔE	ΔL	ΔE	ΔL	ΔE	ΔL	ΔE
航空乘客	ΔE_{t-3}	-0.071	0.181	0.030	-0.015	-0.002	-0.002	0.407	-0.235		0.000
	c	-0.025	0.027	-0.012	-0.029			-0.021**	-0.001	-0.001	0.005
	ΔE 不会引起 ΔL	0.925		0.793		0.944		0.052			
	ΔL 不会引起 ΔE	0.288		0.425		0.814		1.472		1.282	
港口船舶交通	ECT					-0.185	0.946***				
	ΔL_{t-1}	-0.186	-0.391	-0.272	-0.371	-0.655	-1.387***	-0.070	-0.135***	-0.065	-0.137***
	ΔL_{t-2}	0.235	1.016***	0.205	1.022***	-0.107	-0.398	0.278	0.294***	0.282	0.293***
	ΔL_{t-3}	-0.050	0.776**	-0.047	0.700**	0.074	0.426**	-0.510*	0.336***	-0.508*	0.337***
	ΔL_{t-4}	-0.255	-0.513**	-0.248	-0.626***			-0.702**	0.039	-0.701**	0.040
	ΔE_{t-1}	0.296	-0.101	0.300	-0.037	-0.109	0.500	2.871***	-0.024	2.871***	-0.028
	ΔE_{t-2}	0.287	0.005	0.313	0.100	0.040	0.390	0.142	-0.079	0.130	-0.075
	ΔE_{t-3}	0.067	-0.103	0.120	-0.162	-0.049	0.337*	0.060	0.098	0.052	0.101
	ΔE_{t-4}	0.155	-0.242	0.160	-0.191	-0.024	-0.017	-0.333	-0.175**	-0.343	-0.170**
	c	-0.005	0.044	-0.014	0.049			-0.190*	0.094***	-0.173	0.087***
	ΔE 不会引起 ΔL	0.703		0.784		0.894		3.119		3.090	
	ΔL 不会引起 ΔE	5.502*		7.028**		0.500		43.677***		43.438***	
港口货物处理能力	ECT	0.227*	2.079***	1.193***	2.472***	0.588**	4.867***	1.138***	0.494**	1.133***	0.485**
	ΔL_{t-1}	0.471	3.361***	0.075		0.075	1.643				

续表

分类		进出口	出口		进口		国家 GDP		人均 GDP	
		ΔL	ΔE	ΔL	ΔE	ΔL	ΔE	ΔL	ΔE	ΔL	ΔE
港口货物处理能力	ΔL_{t-2}					-0.508*	0.121				
	ΔL_{t-3}					-0.161	0.495				
	ΔE_{t-1}	-0.013	-0.070	-0.156**	-0.452*	0.258*	1.490*	-0.522***	0.142	-0.519***	0.155
	ΔE_{t-2}					0.223**	0.857*				
	ΔE_{t-3}					0.174***	0.504*				
	c	-0.003	0.017	-0.007	-0.105*	-0.002	0.076	0.046**	0.051**	0.043**	0.046**
	ΔE 不会引起 ΔL	2.699		3.638*		0.781		8.208**		8.379**	
	ΔL 不会引起 ΔE		6.630**		9.117***		3.417*		6.662**		6.492**
公路	ECT										
	ΔL_{t-1}	-0.640*	0.122	-0.708*	0.059	-0.545	0.195	-0.161	0.100	-0.155	0.102
	ΔL_{t-2}	-0.482	-0.016	-0.596*	-0.126	-0.345	0.116	-0.262	-0.011	-0.256	-0.009
	ΔL_{t-3}	-0.361	-0.424**	-0.476	-0.517***	-0.228	-0.334*	-0.363	-0.072	-0.359	-0.071
	ΔL_{t-4}	-0.330	0.591***	-0.360	0.551***	-0.262	0.648***				
	ΔE_{t-1}	-0.055	0.401**	0.012	0.426**	-0.088	0.398*	0.569	0.603*	0.548	0.598*
	ΔE_{t-2}	0.484	-0.124	0.551*	-0.004	0.378	-0.265	1.658	-0.215	1.651	-0.216
	ΔE_{t-3}	0.605*	0.182	0.613*	0.172	0.564	0.198	-0.685	0.344	-0.712	0.336
	ΔE_{t-4}	0.595	-0.077	0.635*	0.026	0.501	-0.247				
	C	-0.015	0.017	-0.018	0.011	-0.007	0.025	-0.069	0.032	-0.056	0.032
	ΔE 不会引起 ΔL	1.361		1.628		1.019		0.591		0.578	
	ΔL 不会引起 ΔE		5.618*		10.992**		3.457		0.916		0.913

续表

分类		进出口 ΔL	进出口 ΔE	出口 ΔL	出口 ΔE	进口 ΔL	进口 ΔE	国家GDP ΔL	国家GDP ΔE	人均GDP ΔL	人均GDP ΔE
铁路	ECT	-0.460**	2.704*	0.403	-0.527	0.040	-0.566**	-1.749***	0.345	-1.751***	0.352
	ΔL$_{t-1}$	0.111	-1.219	-0.143	0.724	0.038	-0.965	0.495*	-0.219	0.494*	-0.212
	ΔL$_{t-2}$							0.006	0.011	0.012	0.009
	ΔL$_{t-3}$			-0.064	0.267			-0.016	0.022	-0.020	0.026
	ΔE$_{t-1}$	-0.048	-0.374*	0.013	0.064	-0.065	0.099	-0.700**	-0.028	-0.707**	-0.016
	ΔE$_{t-2}$							-0.434*	-0.387	-0.436*	-0.380
	ΔE$_{t-3}$			0.036	0.060			-0.668**	0.477	-0.669**	0.485
	c	0.001	-0.019			0.000	-0.011	-0.005	-0.004	-0.005	-0.004
	ΔE不会引起ΔL	4.692**		0.805		3.482*		0.766		0.783	
	ΔL不会引起ΔE	0.212		0.268		0.136		0.874		0.889	
卡车	ECT	0.011	-0.241	0.847***	3.369**	0.006	-0.340**	-0.214	-0.705**	-0.209	-0.695**
	ΔL$_{t-1}$	-0.042	3.768***	-0.084	-3.436**	-0.027	4.055***	0.037	1.156***	0.032	1.152***
	ΔL$_{t-2}$							0.487	1.090*	0.480	1.090
	ΔL$_{t-3}$			-0.038	0.459**			-0.167	0.771	-0.175	0.769
	ΔE$_{t-1}$	-0.080*	-0.044	0.083*	0.059	-0.067	-0.007	-0.014	-0.155	-0.012	-0.150
	ΔE$_{t-2}$							0.453	-0.407	0.455	-0.402
	ΔE$_{t-3}$			0.033	0.064			0.348*	0.359*	0.347*	0.361*
	c	-0.003	-0.004			-0.003	-0.001	0.001	0.001	0.001	0.001
	ΔE不会引起ΔL	0.133		1.118		0.131		4.573**		4.606**	
	ΔL不会引起ΔE	0.754		4.121**		0.812		3.420*		3.463*	

续表

分类		进出口		出口		进口		国家 GDP		人均 GDP	
		ΔL	ΔE	ΔL	ΔE	ΔL	ΔE	ΔL	ΔE	ΔL	ΔE
工人	ECT							0.322	-0.112	0.337	-0.124
	ΔL_{t-1}	0.915***	-0.500	0.249	-0.052	1.017***	-0.575	-0.407	-0.224	-0.423	-0.230
	ΔL_{t-2}	-0.485***	-0.109			-0.479**	-0.264	-0.258*	-0.142	-0.267*	-0.145
	ΔL_{t-3}	0.014	-0.300	0.064	0.316	0.113	-0.476	-0.251*	-0.138	-0.257*	-0.139
	ΔL_{t-4}	0.042	-0.178			0.180	-0.239				
	ΔE_{t-1}	0.291**	-0.070	0.025	0.086*	0.351***	-0.151	-1.097	-0.603	-1.100	-0.597
	ΔE_{t-2}	0.197**	-0.115			0.246**	-0.212	-0.647	-0.356	-0.643	-0.349
	ΔE_{t-3}	-0.485***	0.304			-0.447***	0.315	-0.670**	-0.369*	-0.665**	-0.362*
	ΔE_{t-4}	-0.014	-0.147			-0.001	-0.149	-0.003	-0.003	-0.002	-0.003
	c	0.048	0.132			0.017	0.166				
	ΔE 不会引起 ΔL	6.791**		0.116		6.778**		0.961		0.975	
	ΔL 不会引起 ΔE	0.161		0.020		0.369		1.417		1.432	
基础设施	ECT							-1.663***	0.782***	-1.665***	0.781***
	ΔL_{t-1}	0.188	0.788*	0.177	0.780*	0.062	0.873**	0.920*	-0.245	0.926**	-0.249
	ΔL_{t-2}	-0.437	0.309	-0.396	0.330	-0.117	0.182	0.757**	-0.490***	0.759**	-0.490***
	ΔE_{t-1}	-0.054	0.019	-0.084	0.029			-1.134	0.633	-1.114	0.615
	ΔE_{t-2}	0.299*	0.085	0.328**	0.136			1.796*	-0.509	1.811*	-0.520
	c	0.175**	-0.121	0.167*	-0.128	0.161**	-0.086	0.013	-0.011	0.013	-0.011
	ΔE 不会引起 ΔL	1.450		1.745		0.382		2.638		2.618	
	ΔL 不会引起 ΔE	1.960		2.078		4.890*		5.773**		5.803**	

注：***、**、* 分别表示在1%、5%、10%统计意义上显著。

相同。与海上运输相关的物流基础设施与我国经济发展的关联最为显著。具体而言，港口船舶交通（中国港口船舶进出数）与进出口、出口、国民生产总值和人均 GDP 呈因果关系，且因果关系从物流基础设施到经济发展指标呈单向关系。但是，港口货物处理量的因果关系方向与港口船舶交通的因果关系方向不同。海运物流指标与出口、国民生产总值和人均国内生产总值具有双向关系。与之形成鲜明对比的是，航空运输相关的物流指标与经济发展的关联相对模糊。

3.1.2 交通基础设施门槛下旅游业与区域经济联动发展

改革开放 40 多年来，我国的旅游业属性从计划事业向市场产业完成了转变，旅游业在吸引外资、增加就业和促进消费等方面成为带动区域经济增长的强大动力。同时，交通运输部与原国家旅游局等六部门发布实施《关于促进交通运输与旅游融合发展的若干意见》，标志着交通和旅游融合（以下简称"交旅融合"）已经成为了社会关注的热点。关中平原城市群位于我国内陆腹地，作为引领西北地区高质量发展、推进"一带一路"倡议实施的桥头堡，具有得天独厚的旅游资源优势。2018 年国家发改委、住房城乡建设部发布的《关中平原城市群发展规划》中明确指出，关中城市群应该发挥区域交通连接东西的独特地理优势，利用自然和文化资源优势打造旅游品牌。尽管国家西部开发政策和"一带一路"的提出均有利于加强关中城市群的对外联系，但是作为跨三省围绕西安形成的城市群集合，关中城市群的经济联系受行政区划影响较大，相较于长江三角洲、珠江三角洲等成熟的城市群，关中城市群旅游经济空间联系网络整体呈现松散状态，局部交通密度大于整体交通密度，交通建设呈现空间分布不平衡的态势（曾美艳等，2018）。因此，如何利用交旅融合新理念推动关中城市群经济的进一步发展具有显著的现实需求和理论意义，亟须得到学术界的回应。

经济增长是指一个国家或一个地区生产商品和提供劳务潜在能力的扩大，旅游经济作为我国经济发展的一个新增长极，旅游业通过吸引外资、增加就业、促进消费等直接或间接地带动区域经济增长。旅游业的发展与交通建设联系密切，完善的交通网络布局通过扩大游客出行半径，打破了空间壁垒限制，进一步促进旅游带动区域经济增长。但随着交通网络系统构建成熟，过度的交通道路建设可能会破坏关中城市群原有布局以及旅游资源的开发建设，从而对区域经济的高速发展起到制约作用（汪彬等，2017）。鉴于此，本书推断以交通基础设施建设为门槛变量，旅游业的发展对关中城市群区域经济存在正向非线性影响，在门槛值左右两侧存在"促进—抑制促进"的"扇贝弧形"曲线关系，理论推断如下。

1. 初期旅游发展快速带动经济增长

弗里德曼提出的中心辐射理论阐明，中心对周围起到辐射带动作用，即通过由点到面的作用过程，逐步实现整体进步（丁正山等，2020）。在交通基础设施建设的初级阶段，具有较强的交通资源优势的区域会带动周边区域的资源流动、集聚客流、促进消费等多方面的整体发展，从而扩大旅游需求。由于旅游资源投入产出的直接收益较小，而基础性产业发展的边际收益较高（丁正山等，2020），在政府投入允许的条件下倾向于增加中心地区交通基础设施投资，旅游需求的增加促使旅游资源不断被开发，旅游发展进一步促进中心地区经济快速发展，并通过辐射效应进而带动周围区域经济快速增长。因此，在交通基础设施建设初期不断完善的过程中，旅游业对区域经济起到强烈的促进作用。

2. 后期旅游发展对经济增长的正向促进作用减缓

后期当交通基础设施建设达到门槛值时，交通网络建设逐渐完善且旅游资源开发边际收益接近于零，大规模的交通基础投资对旅游促进经济增长的促进作用逐渐减缓。为了应对旅游需求的提升，交通基础设施从"量"到"质"的转变刻不容缓。利用交通基础设施优化配置，实现资源重配和产业融合，扩大旅游产业的供给，使得区域经济增长得到质的飞跃。与前期相比，交通不仅具有满足旅游者空间位移这一基本功能，而且资源优化配置使得交通投资建设不断完善，旅游市场产生巨大变化，形成一个与区域发展布局相协调的综合交通格局，从而助力旅游业促进区域经济发展。交通基础设施发展通过调节旅游业的需求和供给从而影响区域经济发展，作用机制如图 3 - 3 所示。

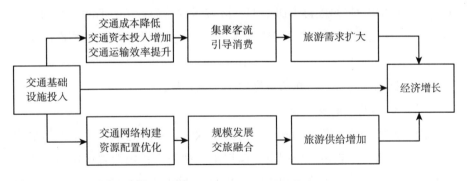

图3-3　交通—旅游—经济发展的作用机制

（1）门槛回归模型的构建方法。

汉森（Hansen，1999）提出了面板门槛回归模型，多元门槛简化模型如下所示：

$$
\begin{aligned}
Y_{it} = &\alpha_0 + \beta_{11}x_{it} \times I\ (q_{it} \leqslant \gamma_1) + \beta_{12}x_{it} \times I\ (\gamma_1 \leqslant q_{it} \leqslant \gamma_2) \\
&+ \cdots + \beta_{1n}x_{it} \times I\ (\gamma_{n-1} \leqslant q_{it} \leqslant \gamma_n) + \beta_{1(n+1)}x_{it} \\
&\times I\ (q_{it} > \gamma_n) + \varepsilon\,X_{it} + \mu_{it} \tag{3-5}
\end{aligned}
$$

其中，$\gamma_1, \gamma_2, \cdots, \gamma_n$ 为 $n+1$ 个门槛区间下的门槛值，$\beta_{11}, \beta_{12}, \cdots, \beta_{1n}$，$\beta_{1(n+1)}$ 为不同门槛估计区间下的估计系数；$i\ (i=1,\ 2,\ 3)$ 表示个体；$t(t=2006,\ 2007,\ \cdots,\ 2019)$ 表示时间；u_{it} 表示随机扰动项。$I(\cdot)$ 为指标函数，若门槛变量满足条件，则该指标函数的值为 1，否则为 0。X_{it} 为模型的控制变量。为了有效分析在交通基础设施门槛变量下，关中城市群旅游业对区域经济的影响，构建了如下两个非线性面板回归模型：

① 以关中城市群交通固定投资为门槛变量：

$$
\begin{aligned}
\text{lnrealGDP} = &\alpha_0 + \beta_{11}\text{lnT I}_{it} \times I(\text{lnTraff} \leqslant \gamma_1) + \beta_{12}\text{lnT I}_{it} \times I(\gamma_1 \leqslant \text{lnTraff} \\
&\leqslant \gamma_2) + \cdots + \beta_{1n}\text{lnT I}_{it} \times I(\gamma_{n-1} \leqslant \text{lnTraff} \leqslant \gamma_n) \\
&+ \beta_{1(n+1)}\text{lnT I}_{it} \times I(\text{lnTraff} > \gamma_n) + \varepsilon\,X_{it} + \mu_{it} \tag{3-6}
\end{aligned}
$$

② 以关中城市群公路密度为门槛变量：

$$
\begin{aligned}
\text{lnrealGDP} = &\alpha_1 + \beta_{11}\text{lnT I}_{it} \times I(\text{road} \leqslant \gamma_1) + \beta_{12}\text{lnT I}_{it} \times I(\gamma_1 \leqslant \text{road} \\
&\leqslant \gamma_2) + \cdots + \beta_{1n}\text{lnT I}_{it} \times I(\gamma_{n-1} \leqslant \text{road} \leqslant \gamma_n) \\
&+ \beta_{1(n+1)}\text{lnT I}_{it} \times I(\text{road} > \gamma_n) + \varepsilon\,X_{it} + \mu_{it} \tag{3-7}
\end{aligned}
$$

其中，realGDP：区域实际 GDP；TI：区域国内旅游收入；Traff：交通固定投资；road：公路密度；控制变量：包括产业结构（inst）、旅游设施水平（inf）、城市化水平（cit）、政府支出（gov）和对外开放程度（open）。为了保证数据的平稳性，对相关数据做了对数处理。

（2）数据的选取及来源。

因陕西省杨凌示范区和商洛市的数据缺失，本书选取了关中城市群中陕西省西安市、宝鸡市、咸阳市、铜川市、渭南市；山西省运城市、临汾市和甘肃省天水市、平凉市和庆阳市共 11 个城市的面板数据；所选取的数据范围为 2006～2019 年，并将部分城市部分年份的缺失数据采用线性拟合的方法补齐。

数据来源为《中国统计年鉴》、各省份《国民经济和社会发展统计公报》等。

（3）变量的选取和处理。

① 被解释变量：地区年度生产总值 GDP。参考国内外学者的大多数做法，将地区生产总值 GDP 作为测度经济增长的指标，利用 GDP 平减指数以上一年为基期计算出 GDP 实际值消除物价影响，用 realGDP 表示。为了消除异方差的影响，对其做对数处理。

② 核心解释变量：关中城市群十个城市的国内年度旅游总收入。关中城市群国内游客较国外游客更多，且国际游客侧重于选择航空、铁路等交通方式，根据实际情况研究公路基础设施对区域旅游以及经济发展的影响更有实际意义，因此选择舍弃国际旅游收入，且未按照阿达穆和克莱里德斯（Adamou and Clerides，2010）等学者的做法，将旅游专业化（地区旅游总收入与 GDP 之比）作为旅游发展的指标，创新性地选择区域国内旅游收入作为度量，用 TI 表示。本书对 TI 做了对数处理。

③ 门槛变量：一是区域交通基础设施固定投资（Traff），相较于长江三角洲、珠江三角洲等发展成熟的城市群，关中城市群交通建设发展不平衡，且各地区面积和旅游资源存在较大差异，采用交通密度衡量交通基础设施建设与旅游业之间的关系可能会存在偏差，因此选择关中城市群十个城市的交通基础设施固定资本投入来表示。考虑到数据的可得性，本书采用交通运输、仓储和邮政业固定资产投资替代，此变量涵盖了铁路、道

路、航空、水运等多种交通运输建设投资，与交通基础设施建设呈正相关。二是公路密度（road，公里/百平方公里），为公路营运里程与该地区面积之比，关中城市群位于内陆，相较于航空、海运、铁路等交通方式，公路的发展更加均衡，因此本书选择公路密度作为门槛变量，通过公路交通网络的密集性来反映该地区的交通通达性。

④ 控制变量：一是产业结构（inst）。用地区第三产业产值占 GDP 比重来衡量。二是旅游设施水平（inf）。用各地区星级饭店数量来表示，反映一个地区的旅游接待能力。三是城市化水平（cit）。即为人口城市化水平，数据来源为统计年鉴所统计的城镇化率。四是政府支出（gov）。用各个城市每年的政府财政支出来表示，该指标可以反映一个地区的政府对经济活动的干预程度。五是对外开放程度（open），用十个城市每年的进出口值表示，该指标能够衡量一个地区对外贸易的繁荣程度。本书为了消除异方差并确保数据的稳定性，做了相应的对数和差分处理。

（4）面板单位根检验。

为了避免实证结果的伪回归，确保统计结果的有效性，根据本书数据特点采用 HT 单位根检验，并在软件操作中缓解了截面相关对单位根的影响（见表 3 – 5）。

表 3 – 5 单位根检验结果

变量	P 值	结论	一阶差分	结论
lnrealGDP	0.530	stability	0	stability
lnTI	0.035	stability	—	—
lnTraff	0.063	stability	—	—
road	0	stability	—	—
lncit	0.174	instability	0	stability
gov	0.021	stability	—	—
open	0.970	instability	0	stability
inst	0	stability	—	—
lninf	0.017	stability	—	—

注：HT 检验为哈里斯和察瓦莱斯（Harris and Tzavalis，1999）提出，针对短面板单位根检验，备择假设为所有个体是平稳序列。

根据表 3 –5 可知，变量 lnTI、lnTraff、road、gov、inst 和 lninf 在 10%

的显著性水平下均为平稳变量；对变量 lnrealGDP、lncit 和 open 的一阶差分变量进行单位根检验，发现其在 10% 的显著性水平下为平稳变量。因此，在此基础上可以进行实证检验。

（5）门槛效应检验及门槛值估计。

借鉴汉森（Hansen，1999）的门槛检验的方法，首先以交通基础设施固定投资作为门槛变量，从整体上分析交通基础设施通过影响旅游业从而对区域经济产生的影响；进一步以关中城市群的公路密度为门槛变量，从关中城市群在 2006~2019 年公路建设发展水平的角度分析主要的交通发展如何通过影响旅游业进而对区域经济产生影响。

① 以交通基础设施固定投资为门槛变量。

根据公式（3-1）采用固定效应模型估计交通基础设施对旅游业发展的门槛效应，结果如表3-6所示。

表 3-6　　　　　　　　　门槛效应自抽样检验

门槛数量	F 值	P 值	10%临界值	5%临界值	1%临界值	门槛估计值
单门槛	23.31	0.036	17.792	21.363	28.210	2.837
双门槛	11.08	0.396	16.950	18.995	25.653	—
三门槛	11.86	0.823	31.618	38.597	44.856	—

从门槛效应自抽样检验结果来看，交通基础设施固定投资门槛变量的单一门槛效应显著，通过了水平为 5% 的显著性检验，拐点为 2.84。说明当交通基础设施固定资产水平超过拐点时对旅游业发展的影响发生变化，进而对关中城市群的经济产生影响。

② 以公路密度为门槛变量。

以公路密度作为门槛变量进行自抽样检验，结果整理如表3-7所示。

表 3-7　　　　　　　　　门槛效应自抽样检验

门槛数量	F 值	P 值	10%临界值	5%临界值	1%临界值	门槛估计值
单门槛	25.000	0.123	27.284	31.305	45.943	91.888
双门槛	20.120	0.050	19.136	22.337	28.554	91.9/151.49
三门槛	8.860	0.686	30.518	37.852	56.751	—

根据表3-7可知,以公路密度为门槛变量进行门槛效应检验,双门槛效应的检验最为显著,拐点分别为91.9和151.49,意味着当公路密度分别超过91.9和151.49时,其影响会发生变化。

图3-4的似然比函数图分别展示了交通基础设施固定投资和公路密度的门槛估计值和置信区间的可信度。

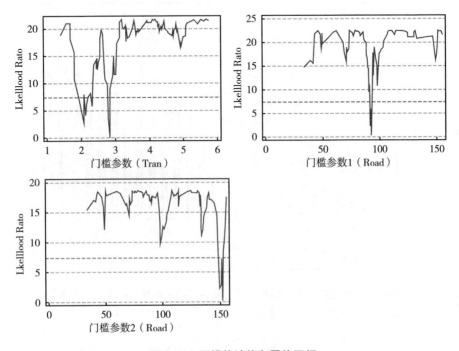

图3-4 门槛估计值和置信区间

3.1.3 韩国物流基础设施建设与经济增长的相互影响

中国与韩国是友好近邻和战略合作伙伴,交往历史源远流长。自1992年两国正式建交以来,贸易形式从间接贸易转为直接贸易,贸易额迅速增加,双边总贸易额为63.7亿美元;自2003年开始,我国超越美国,成为韩国最大的出口国;到了2018年,两国的贸易总额突破3000亿美元;即使在2020年新冠肺炎疫情的笼罩、全球经济放缓的情况下,2020年全年,中韩进出口贸易金额累计达2852.6亿美元,同比仍出现0.3%的正向增长;且截至2020年第三季度,中国已是韩国最大贸易伙伴、最大出口市场和最大进口来源国。① 双方在投资领域的合作也取得了快速发展，并且投资领域的合作带动了大量原材料、技术设备及产成品的进出口，大大促进了双边贸易的发展。至 2022 年，中韩建交已达 30 周年，两国关系再次迎来深化发展的新历史节点（见图 3-5）。

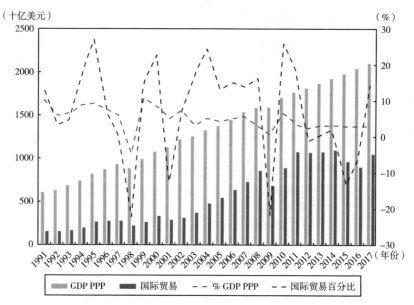

图 3-5 国内生产总值、购买力平价与韩国国际贸易（1991~2017 年）

资料来源：世界银行、韩国国际贸易协会。

20 世纪 60 年代以来，韩国经济取得的成就被称为"汉江奇迹"。这个曾经在世界经济排名中垫底的国家，已经成长为国际舞台上的一个主要参与者。从经济规模来看，2020 年韩国的国内生产总值（GDP）为 1642.83 亿美元，排在世界第 12 位（Wang et al.，2021）。从 2020 年起，韩国计划作为一个经济大国加入扩大后的七国集团（G7）峰会。在国际贸易方面，由于出口驱动型增长战略的成功，韩国在 2018 年成为第 6 位的出口大国。图 3-5 描述了 20 世纪 90 年代以来韩国国内生产总值（GDP）、购买力平价（PPP）和国际贸易（进出口总额）的发展。虽然因 1997 年亚洲金融危机、2000 年互联网泡沫、2007 年次贷危机、2014 年欧元区危机等世界经

———————

① 资料来源：韩国贸易协会（KITA）网站数据。

济的不景气，韩国经济出现了一定程度的下滑，但一直保持着工业化国家强劲的势头在增长。韩国经济增长的关键因素有很多。主要是受过良好教育的人力资源、政府政策的成功实施（20世纪60年代以后的出口导向增长、重工业转型、研究开发投资）、冷战时期有利的地缘政治环境等。

在众多因素中，本书强调了物流基础设施发展在促进韩国国内生产总值和国际贸易方面的重要作用。从韩国的产业结构和经济结构来看，物流基础设施很有可能对经济发展起到了关键作用。韩国是对外贸易依赖度很高的开放型经济国家。2018年，韩国的贸易依存度为66.25%，在工业化国家中仅次于德国（71.22%）①。具体来说，由于自然资源的缺乏，韩国必须从外国进口其用于工业投入的大部分商品消费。此外，作为一个事实上的岛国，由于与朝鲜的地缘政治关系，保持与其他国家的海上联系对经济活动至关重要。实际上，2019年韩国对外贸易的69.9%是海上运输。就重量而言，海运所占的比重要高得多。韩国的进出口约有7.55亿吨是通过海运完成的，其重量相当于跨境交易的95.1%。②

因此，物流基础设施的发展对韩国经济增长的影响值得学术界关注。在此基础上，本书探讨了这两个因素之间的因果关系和因果关系的方向。为此，本书利用1990～2017年的数据集，在向量自回归（VAR）和向量误差修正模型（VECM）框架下估计了因果关系。物流基础设施数据集由7个变量组成，代表三种主要的运输方式（空运、海运和陆运）和政府在社会间接资本方面的支出。经济增长由进出口总额、出口、进口、国内生产总值和人均国内生产总值代表。

1. 方法和数据

为了研究韩国物流基础设施发展与经济增长之间的因果关系，本书在VAR模型的基础上使用格兰杰因果检验（Granger，1969）。在假设时间序列变量是自身和其他变量过去值的线性函数的情况下，VAR模型检查潜在的因果关系。在本书中，VAR模型的数学表达式为：

$$\Delta E_t = c_1 + \sum_{i=1}^{p} \alpha_{1i} \Delta E_{t-i} + \sum_{j=1}^{p} \beta_{1j} \Delta L_{t-j} + \varepsilon_{1t}$$

$$\Delta L_t = c_2 + \sum_{i=1}^{p} \alpha_{2i} \Delta E_{t-i} + \sum_{j=1}^{p} \beta_{2j} \Delta L_{t-j} + \varepsilon_{2t} \qquad (3-8)$$

---

① ② 资料来源：韩国贸易协会（KITA）网站数据。

其中，ΔE_t 和 ΔL_t 分别为经济增长和物流基础设施指标的对数差异。C 是常数。p 是施瓦兹贝叶斯信息准则（Schwarz，1978）确定的时间序列的最优滞后阶数。α 和 β 分别表示经济增长和物流基础设施变量的系数。εt 是假设为正态分布的误差项。

在 VAR 模型中，时间序列应该是统计平稳的。因此，分别在 ADF（Dickey et al.，1981）、PP（Phillips et al.，1988）和 KPSS（Kwaitkowski et al.，1992）中对时间序列数据集的平稳性进行了检验。此外，本书还检验了经济增长与物流基础设施指标之间的协整性。根据恩格尔等（Engle et al.，1987）的研究结论，当两个单独的非平稳时间序列的线性组合是平稳的，则认为它们是协整的。在经济学中，协整意味着一对时间序列变量之间存在长期均衡。通过约翰森（Johansen，1988）检验研究了协整的存在性。约翰森检验的原假设是不协整的，最多一个协整。检验建议两个似然比统计量来检验协整向量的数目。当两个统计量的值大于临界值时，认为一对时间序列变量是协整的。似然比统计量计算如下：

$$\lambda_{trace} = -T\sum_{i=r+1}^{p} \ln(1 - \hat{\lambda}_i) \quad \lambda_{max} = -T\ln(1 - \hat{\lambda}_{i+1}) \qquad (3-9)$$

其中，λ_{trace} 和 λ_{max} 分别是跟踪和最大特征值的测试统计信息。T 是观察的次数。λ_i 是第 i 个有序特征值的估值。P 是变量的个数。当在一对时间序列中发现协整时，使用 VECM 研究其因果关系。在本研究中，经济增长与物流基础设施指标的双变量 VECM 估计如下：

$$\Delta E_t = c_1 + \sum_{i=1}^{p} \alpha_{1i}\Delta E_{t-i} + \sum_{j=1}^{p} \beta_{1j}\Delta L_{t-j} + \gamma_1 ECT_{t-1} + \varepsilon_{1t}$$

$$\Delta L_t = c_2 + \sum_{i=1}^{p} \alpha_{2i}\Delta E_{t-i} + \sum_{j=1}^{p} \beta_{2j}\Delta L_{t-j} + \gamma_2 ECT_{t-1} + \varepsilon_{2t} \qquad (3-10)$$

其中，ECT_{t-1} 为误差修正项，包含关于变量对之间长期平衡的信息。γ 是误差修正项的系数。格兰杰因果检验假设所有系数都为零。因此，当零假设被拒绝时，它表明一个变量导致另一个（单向因果关系），或者变量之间相互导致（双向因果关系）。从上面的方程，当 β_{1j} 为零的零假设被拒绝时，表明从物流基础设施到经济增长的单向因果关系。当 α_{2i} 为零的零假设被拒绝时，它表明了从经济增长到物流基础设施的单向因果关系。本书从各种来源收集了1990～2017年的数据。本书的数据集包括几个代表物流基础设施发展和经济增长的指标。对于航空运输基础设施，选择了货物空运吨公斤（空运运费）和飞机起飞和抵达次数（航班起飞/抵达次数）。海上运输基础设施的衡量标准是船舶出港和抵达的数量（船舶出港/抵达）和韩国港口的货物处理能力（港口货物吞吐量）。为分析陆上运输，选择了普通等级公路和高速公路的长度。政府对物流基础设施的投资也包含在物流指标中。经济增长指标分别为进出口总额、出口总额、进口总额、国内生产总值、人均国内生产总值。如表3-8所示时间序列数据集的描述性统计和度量单位。

表3-8　　　　　　物流基础设施和经济增长指标的描述性统计

变量	单位	均值	中位数	最大值	最小值
A组：物流指标					
空运	（吨公斤）	8255.5	7892.9	15162.6	2459.4
飞机出发/到达	（飞机数量）	253865.5	230688.5	496326.0	120100.0
船舶出发/到达	（船舶数量）	349940.1	376214.5	418548.0	232365.0
港口货物吞吐量	（千吨）	623929.0	516873.5	1164452.0	224323.0
等级公路	（公里）	72507.7	75492.0	94548.8	40545.0
高速公路	（公里）	2891.4	2850.5	4717.4	1550.7
基础设施	（万亿韩元）	14.5	15.9	20.3	4.5
B组：经济指标					
进出口总额	（百万美元）	553314.2	425475.7	1098179.0	134859.4
出口	（百万美元）	287717.7	223831.1	573694.4	65015.7
进口	（百万美元）	265596.5	201644.7	525514.5	69843.7
国内生产总值	（百万美元）	1161776.0	1155465.0	1849612.0	498681.2
人均国内生产总值	（美元）	23993.4	24077.5	35938.4	11632.6

资料来源：世界银行（空运数据中飞机出发到达数量，国内生产总值，人均国内生产总值），韩国国际贸易组织（进出口数据，出口，进口），国土交通部（等级公路，高速公路），渔业部（船舶出发/到达数量，港口货物吞吐量），国会预算厅（基础设施数据）。

2. 实证结果

在本节中，本书将介绍韩国物流基础设施发展与经济增长之间因果关系的实证结果。首先，采用时间序列的平稳性。表3-9分别显示了水平和第一对数差的三个单位根检验测试（即 ADF，PP 和 KPSS）的结果。该水平的测试结果表明，大多数物流基础设施和经济增长变量是非平稳的。因此，本书使用时间序列变量的对数差作为单位根检验的结果。

表3-9 单位根检验结果

变量	水平			差分		
	ADF	PP	KPSS	ADF	PP	KPSS
A 组：物流指标						
空运	-1.803	-1.803	0.598**	-5.813***	-5.763***	0.335
飞机出发/到达	1.601	1.818	0.612**	-4.876***	-4.880***	0.173
船舶出发/到达	-1.252	-1.148	0.568**	-4.950***	-4.951***	0.155
港口货物吞吐量	0.970	1.207	0.651**	-4.705***	-4.697***	0.178
等级公路	-3.192**	-8.194***	0.673**	-4.017***	-3.995***	0.704
高速公路	1.035	1.135	0.664**	-4.685***	-4.750***	0.118
基础设施	-3.377**	-5.925***	0.659**	-2.818	-2.610	0.571
B 组：经济指标						
进出口	-0.374	-0.223	0.621**	-4.852***	-4.889***	0.167
出口	-0.045	0.109	0.630**	-4.725***	-4.708***	0.180
进口	-0.676	-0.537	0.609**	-5.049***	-5.326***	0.199
国内生产总值	0.151	1.323	0.675**	-4.911***	-4.912***	0.666**
人均国内生产总值	-0.441	-1.028	0.674**	-5.146***	-5.161***	0.569**

注：$*p<0.1$，$**p<0.05$，$***p<0.001$。

其次，本书进一步检验了物流基础设施和经济增长指标之间的协整性，使用 Johansen 检验。表3-10显示了零协整（r=0）和最多一个协整（r≤1）的原假设下的 Johansen 检验结果。两个似然比统计（λ_{trace} 和 λ_{max}）表明，物流基础设施与经济增长变量之间存在长期均衡，并在1%和5%的水平上检验了统计显著性。结果表明，在时间序列对之间协整的不同。在与陆路运输相关的指标中发现了最显著的协整。具体来说，公路与进出口、国内生产总值、人均 GDP 是协整的。此外，在等级公路与国内生产总值（GDP），以及等级公路与人均 GDP 对之间存在长期均衡。对于其他对物流基础设施和经济增长变量，协整只出现在船舶出港/抵达与国内生产总值的组合上。

基于协整调查的结果，进行了因果检验。由于贝基罗斯等（Bekiros et al.，2008）提出协整会影响因果检验的模型规范，因此，基于 vecm 的因果检验，反之则进行了基于 var 的检验。表 3 - 11 给出了航空运输变量的因果关系检验结果。本书发现，从飞机起飞/抵达到韩国出口的因果关系，在统计上达到5%的显著水平。然而，航空运输基础设施与经济增长变量之间的因果关系在大多数情况下是不确定的。

与此形成鲜明对比的是，本书发现海运与韩国的经济增长密切相关。如表 3 - 12 所示，从船舶出发/抵达到进出口、进口、国民生产总值和人均 GDP，均存在因果关系（分别在1%或5%的统计显著性）然而，对于港口货物吞吐量，本书没有发现从物流基础设施到经济增长的因果关系。相反，本书发现出口影响了港口货物吞吐量。

进一步研究了陆路运输和经济增长之间的因果关系。如表 3 - 13 所示，对于陆运基础设施，本书发现物流基础设施的发展对国民收入有影响，而不是国际贸易。研究发现，等级公路与国内生产总值和人均 GDP 有高度的相关性。然而，从高速公路到经济增长指标之间并没有因果关系。

这些结果可以用韩国的地理地形和产业结构来解释。朝鲜半岛东西南北都很窄，三面环海。世界级的巨型港口（釜山和仁川）位于西北和东南。此外，在主要运输干线上分布着大量的物流枢纽，可以极大地满足区域内进出口货物运输的需求。与其他运输方式相比，陆运（即道路运输）在中短途货运代理方面具有更好的灵活性。因此，在日益现代化的综合运输体系中，等级公路运输的功能主要体现在与其他运输方式的有效衔接上。等级公路运输以物流枢纽为中心，完成运输系统末端的物流配送功能，进而促进公路运输与海运、铁路、空运等多式联运的发展。此外，"靠港口发展产业"的国家经济发展战略至关重要。韩国的大部分工业园区都靠近港口。虽然韩国的公路网比较发达，但实际等级公路运输主要是为了促进生产要素在地区间的流动。这就是为什么虽然公路建设和经济发展之间没有因果关系，但主导短途运输的等级公路运输与国民生产总值和人均 GDP 高度相关的原因。

此外，表 3 - 14 报告了政府对物流基础设施发展投资的因果检验结果，与陆上运输的结果相似。研究发现，基础设施建设与国民生产总值和人均 GDP 之间存在因果关系。

表3-10

Johansen 检验结果

变量	H_0	进出口 λ_{trace}	进出口 λ_{max}	出口 λ_{trace}	出口 λ_{max}	进口 λ_{trace}	进口 λ_{max}	国内生产总值 λ_{trace}	国内生产总值 λ_{max}	人均国内生产总值 λ_{trace}	人均国内生产总值 λ_{max}
空运	r=0	9.50	8.64	8.67	8.20	10.36	9.07	5.80	5.80	6.89	6.66
	r≤1	0.86	0.86	0.46	0.46	1.29	1.29	0	0	0.22	0.22
飞机出发/到达	r=0	10.49	10.34	13.47	13.09	8.69	8.62	3.01	3.01	3.01	2.95
	r≤1	0.15	0.15	0.38	0.38	0.07	0.07	0	0	0.06	0.06
船舶出发/到达	r=0	7.26	6.91	7.42	7.24	7.29	6.74	19.62**	19.57***	14.70	14.64**
	r≤1	0.36	0.36	0.19	0.19	0.55	0.55	0.04	0.04	0.06	0.06
港口货物吞吐量	r=0	14.93	14.51**	9.41	8.97	12.09	11.90	14.27	12.01	13.37	13.06
	r≤1	0.42	0.42	0.45	0.45	0.19	0.19	2.26	2.26	0.31	0.31
等级公路	r=0	15.23	11.65	9.39	9.06	11.33	10.73	22.15***	22.15***	21.65***	20.90***
	r≤1	3.58	3.58	0.33	0.33	0.59	0.59	0	0	0.75	0.75
高速公路	r=0	10.21	9.54	16.16**	15.61**	24.73***	22.25***	19.71***	19.70***	26.21***	22.95***
	r≤1	0.67	0.67	0.54	0.54	2.49	2.49	0.01	0.01	3.27	3.27
基础设施	r=0	10.50	8.73	9.96	8.68	11.01	8.77	9.02	8.49	10.09	8.69
	r≤1	1.77	1.77	1.28	1.28	2.24	2.24	0.54	0.54	1.40	1.40

注：***、**、*分别表示在1%、5%、10%统计意义上显著。

表3－11　航空运输基础设施的因果关系测试结果

类别		进出口 ΔE	进出口 ΔL	出口 ΔE	出口 ΔL	进口 ΔE	进口 ΔL	国内生产总值 ΔE	国内生产总值 ΔL	人均国内生产总值 ΔE	人均国内生产总值 ΔL
空运	ΔE_{t-1}	0.040	0.146	0.071	0.154	-0.011	0.108	0.021	0.371	-0.025	0.222
	ΔL_{t-1}	0.172	-0.147	0.194	-0.154	0.133	-0.149	0.019	-0.186	0.017	-0.179
	c	0.061**	0.053*	0.063**	0.052	0.061*	0.057*	0.044***	0.048	0.040***	0.056
	ΔE不会导致ΔL	0.401		0.290		0.372		0.147		0.050	
	ΔL不会导致ΔE	0.835		1.732		0.293		0.192		0.165	
飞机出发/到达	ΔE_{t-1}	0.002	-0.061	-0.310	-0.453	-0.024	-0.006	0.103	0.465	0.056	0.455
	ΔE_{t-2}			-0.381	0.219						
	ΔE_{t-3}			0.024	0.092						
	ΔE_{t-4}			0.199	-0.327						
	ΔE_{t-5}			-0.563	0.475**						
	ΔE_{t-6}			-0.007	-0.390						
	ΔL_{t-1}	-0.520	0.013	-1.045	0.340	-0.697	0.015	-0.110	-0.038	-0.113	-0.034
	ΔL_{t-2}			-0.637	-0.267						
	ΔL_{t-3}			0.434	-0.430						
	ΔL_{t-4}			-0.161	0.540*						
	ΔL_{t-5}			0.357	-0.516						
	ΔL_{t-6}			-1.343	0.101						
	c	0.101***	0.058***	0.261***	0.077	0.106**	0.054**	0.047***	0.034	0.044***	0.037*
	ΔE不会导致ΔL	0.292		1.729		0.004		0.957		0.862	
	ΔL不会导致ΔE	2.001		4.465**		2.150		1.551		1.767	

注：（1）ΔE 和 ΔL 分别表示经济增长变量和物流基础设施变量的对数差异；（2）格兰杰因果关系检验结果采用 χ^2 统计量；（3）* p < 0.05，** p < 0.05，*** p < 0.001。

表3－12　　海上运输基础设施的因果关系测试结果

类别		进出口		出口		进口		国内生产总值		人均国内生产总值	
		ΔE	ΔL	ΔE	ΔL	ΔE	ΔL	ΔE	ΔL	ΔE	ΔL
船舶出发/到达	ECT							0.944*	-0.703		
	ΔE_{t-1}	-0.080	-0.126	-0.018	-0.134	-0.100	-0.107	0.704	-0.845	-0.232	0.879
	ΔE_{t-2}	-0.352	-0.037	-0.254	-0.072	-0.391	-0.014	0.047	-1.326	-0.373	0.280
	ΔE_{t-3}	0.308	0.076	0.211	0.136*	0.269	0.023	-0.020	-0.626	0.109	0.723
	ΔE_{t-4}	0.141	0.060	0.098	0.095	0.114	0.030	-0.352	-0.563	0.086	0.091
	ΔE_{t-5}	-0.251	-0.023	-0.238	0.031	-0.287	-0.051	-0.497	-0.718	-0.055	-0.367
	ΔE_{t-6}							-0.292	0.087	0.182	0.601**
	ΔL_{t-1}	0.149	0.404*	0.222	0.301	-0.071	0.445*	-0.806	0.168	0.193	0.173
	ΔL_{t-2}	0.557	0.161	0.267	0.242	0.779	0.052	-0.520	0.139	0.156	-0.098
	ΔL_{t-3}	0.602*	-0.103	0.760**	-0.063	0.481	-0.106	-0.425	-0.333	0.063	-0.459
	ΔL_{t-4}	0.179	0.045	0.232	0.053	0.073	0.030	-0.249	-0.327	-0.082	-0.071
	ΔL_{t-5}	1.755***	0.523***	0.952**	0.566***	2.503***	0.485***	0.137	0.237	0.364***	0.493***
	ΔL_{t-6}							-0.011	-0.342	-0.097	-0.526
	c	0.028	-0.002	0.050	-0.013	0.024	0.007	-0.005	-0.012	0.032	-0.061
	ΔE不会导致ΔL	0.987		1.104		1.024		1.713		1.588	
	ΔL不会导致ΔE	3.045**		1.328		5.401***		3.586**		3.719**	
港口货物吞吐量	ΔE_{t-1}	0.015	-0.242	0.034	0.009	-0.067	0.032	-0.010	0.173	-0.065	0.182
	ΔE_{t-2}			-0.171	0.237***						
	ΔL_{t-1}	-1.307	-1.307	0.046	0.060	-0.470	0.070	-0.123	0.069	-0.133	0.069
	ΔL_{t-2}			0.390	-0.183						
	c	0	-0.003	0.064	0.048**	0.102***	0.053***	0.055***	0.047**	0.051***	0.047**
	ΔE不会导致ΔL	0.140		3.425*		0.259		0.266		0.277	
	ΔL不会导致ΔE	0.102		0.333		0.403		0.903		1.115	

注：（1）ΔE 和 ΔL 分别表示经济增长变量和物流基础设施变量的对数差异；（2）ECT 仅指在 VECM 中的估计；（3）格兰杰因果关系检验结果采用 χ^2 统计量；（4）*$p<0.1$，**$p<0.05$，***$p<0.001$。

表3-13 陆路交通基础设施的因果关系测试结果

类别		进出口 ΔE	进出口 ΔL	出口 ΔE	出口 ΔL	进口 ΔE	进口 ΔL	国内生产总值 ΔE	国内生产总值 ΔL	人均国内生产总值 ΔE	人均国内生产总值 ΔL
等级公路	ECT	0.110	-0.024	-0.032	-0.014	-0.073	-0.004	-0.025	0.035*	0.294	-0.254
	ΔE_{t-1}	-0.203	0.018	0.072	-0.005	-0.093	0.005	-1.449	0.719**	-1.498	0.574**
	ΔE_{t-2}	0.107	-0.020	0.178	-0.056	0.054	-0.031	-1.409	0.859**	-1.467	0.726***
	ΔE_{t-3}	-0.067	-0.022	0.120	-0.018	-0.150	-0.024	-1.595	0.720**	-1.638	0.625**
	ΔE_{t-4}			-0.280	-0.017	-0.118	-0.024	-1.560	0.389*	-1.621	0.315
	ΔE_{t-5}							-1.029	0.231	-1.068	0.192
	ΔE_{t-6}							-0.344	0.143	-0.354	0.127
	ΔL_{t-1}	1.164	-0.494	2.466	-0.253	-0.189	-0.227	0.344	-1.454	0.125	-1.173
	ΔL_{t-2}	1.401	-0.084	2.676*	-0.064	2.099	0.008	1.459	-1.096	1.412*	-0.873
	ΔL_{t-3}	2.197**	0.144	2.180**	0.106	4.068**	0.168*	2.082**	-0.722	2.153***	-0.603
	ΔL_{t-4}	-2.360	0.318**	-1.247	0.335***	-2.902	0.270**	1.123**	-0.422	1.214**	-0.378
	ΔL_{t-5}			-2.894	0.192*	-2.509	0.093	0.379	-0.151	0.475	-0.155
	ΔL_{t-6}					0.100	0.018**	0.356	-0.015	0.379	-0.043
	c	0.020	0.026***	0.021	0.020**			-0.006	0	-0.004	-0.001
ΔE 不会导致 ΔL		0.849		1.078		1.542		2.405		2.481	
ΔL 不会导致 ΔE		1.596		1.414		2.022		3.929**		3.729**	

续表

类别		进出口		出口		进口		国内生产总值		人均国内生产总值	
		ΔE	ΔL	ΔE	ΔL	ΔE	ΔL	ΔE	ΔL	ΔE	ΔL
高速公路	ECT	−0.340	0.127	13.932***	−3.474	22.342***	−2.002	1.417***	−1.387	1.496***	−1.606
	ΔE_{t-1}	−0.467	−0.056	−0.042	0.062	0.555**	−0.117	0.162	−1.382	0.310	−1.606
	ΔE_{t-2}	−0.133	−0.038	−1.190	0.083	−0.528	−0.053	−0.364	−0.711	−0.207	−0.845
	ΔE_{t-3}	0.317	−0.055	−1.135	0.189*	−1.050	−0.090	−0.802	−1.178	−0.647	−1.253
	ΔE_{t-4}	0.035	−0.008	−0.961	0.119	−1.010	−0.086	−0.515	−1.111	−0.381	−1.103
	ΔE_{t-5}	0.285	0.141	−0.495	0.034	−0.779	−0.075	0.002	−0.530	0.075	−0.499
	ΔE_{t-6}	1.548*	0.242	−0.195	0.192**	−0.356	0.024	0.053	−0.162	0.082	−0.148
	ΔL_{t-1}	1.353	−0.328	−12.655	3.298***	−20.512	1.180	−0.726	0.430	−0.802	0.669
	ΔL_{t-2}	1.098	0.305	−12.368	2.670***	−18.067	1.091	−0.376	0.530	−0.483	0.718
	ΔL_{t-3}	2.001**	−0.488	−9.138	2.440***	−14.156	1.064	−0.393	0.404	−0.489	0.521
	ΔL_{t-4}	1.249*	−0.061	−6.852	1.351**	−10.740	0.572	−0.355	0.191	−0.413	0.287
	ΔL_{t-5}	1.842**	0.198	−3.230	0.830**	−6.962	0.238	−0.181	0.045	−0.200	0.107
	ΔL_{t-6}	−0.332	0.042	−1.601	0.737**	−3.410	0.340	0.022	0.109	0.024	0.149
	c			−0.068	0.014*	−0.062	0.004	−0.006	−0.007	−0.004	−0.006
ΔE 不会导致 ΔL 统计量		1.117		2.033		0.996		1.584		1.564	
ΔL 不会导致 ΔE 统计量		2.024		1.287		2.499		2.331		2.131	

注：(1) ΔE 和 ΔL 分别表示经济增长变量和物流基础设施变量的对数差异；(2) ECT 仅指在 VECM 中的估计；(3) 格兰杰因果关系检验结果采用 χ^2 统计量；(4) *p<0.1，**p<0.05，***p<0.001。

表 3-14 政府物流基础设施投资的因果关系检验结果

类别		进出口		出口		进口		国内生产总值		人均国内生产总值	
		ΔL	ΔE	ΔL	ΔE	ΔL	ΔE	ΔL	ΔE	ΔL	ΔE
基础设施	ΔE_{t-1}	-0.015	0.118	0.005	0.149	-0.053	0.081	-0.726	-4.065	-0.921	-4.359
	ΔE_{t-2}							-0.245	-2.116	-0.312	-2.364
	ΔE_{t-3}							-0.072	-0.654	-0.069	-0.674
	ΔE_{t-4}							-0.097	0.014	-0.058	0.091
	ΔE_{t-5}							0.153*	-0.633	0.159**	-0.614
	ΔE_{t-6}							0.222**	2.146*	0.293**	2.271
	ΔL_{t-1}	0.110	0.461**	0.168	0.449**	0.034	0.462**	0.137***	0.518	0.160***	0.610
	ΔL_{t-2}							0.037	0.302	0.065	0.371
	ΔL_{t-3}							0.008	-0.008	0.005	0.012
	ΔL_{t-4}							0.025	0.337	0.035	0.339
	ΔL_{t-5}							0.124***	-0.553	0.112***	-0.566
	ΔL_{t-6}							0.082	1.283	0.112	1.326
	c	0.057	0.017	0.058*	0.015	0.059	0.020	0.045**	0.128	0.037**	0.103
ΔE 不会导致 ΔL		0.723		0.781		0.566		1.004		0.942	
ΔL 不会导致 ΔE		0.100		0.385		0.005		10.808**		11.813**	

注：***、**、* 分别表示在 1%、5%、10% 统计意义上显著。

3.2　内陆物流经济国际化风险管理研究

西部地区的繁荣、发展、稳定,对于促进区域协调发展,增强内生增长动力,促进陆海内外联动和东西双向互济具有重要意义。《西部陆海新通道总体规划》的出台为西部地区经济社会发展和开发开放提供了重要支撑。西部陆海新通道是我国西部省区市与东南亚国家合作打造的国际陆海贸易新通道,北接丝绸之路经济带,南连21世纪海上丝绸之路,协同衔接长江经济带,利用铁路、海运、公路等运输方式,向南经广西北部湾通达世界各地,在区域协调发展格局中具有重要战略地位。"十四五"规划和2035年远景目标纲要明确将建设西部陆海新通道作为面向服务国家重大战略的重大工程之一。2021年2月和4月,习近平总书记在贵州和广西考察时明确强调"要积极参与西部陆海新通道建设""高水平共建西部陆海新通道"①。西部陆海新通道迎来新的发展机遇,肩负着新的时代使命。

习近平总书记在2019年第二届"一带一路"国际合作高峰论坛上,提出"建设陆海新通道等国际物流和贸易大通道,帮助更多国家提升互联互通水平"②。2019年9月国家物流枢纽建设名单的公布,标志着西安物流枢纽入选国家梯队;2019年11月,西安市人民政府出台了《全面贯彻新发展理念加快国家中心城市建设推进枢纽经济门户、经济流动、经济发展工作方案(2020-2022年)》,加快"交通—商贸"物流中心建设已成为当前西安市的工作重点。党的十九大报告指出,要以"一带一路"建设为重点,尽快形成陆海内外联动、东西双向互济的开放格局。而西安地处中国地理中心位置,具有显著的区位优势,为适应经济全球化新趋势,作为东西双向互济开放格局的关键节点城市,西安现已开通包括韩国首尔、日本大阪、俄罗斯莫斯科在内的多条国际货运航线。自2013年韩国三星半导

---

① 西部陆海新通道发货量增长迅速 为加快构建新发展格局注入新动能 [EB/OL]. 央广网, 2022-01-10.

② 习近平在第二届"一带一路"国际合作高峰论坛开幕式上的主旨演讲(全文)(1) [EB/OL]. 新华社, 2019-04-26.

体等一批千亿级龙头项目落地投运,至今已带动众多的日韩企业落户西安,新材料、新能源汽车、集成电路与半导体器件等产业聚集效应明显。而基于运输时效的考虑,日韩物流企业正尝试在本国接收货物发送至中国,通过"中欧班列"将货物运至欧洲的"丝绸之路多式联运"新模式。可见,"一带一路"互联互通物流通道不仅是物资通道,还承载着我国经贸对外交流的机遇。尤其是在我国加快构建以国内大循环为主体、国内国际双循环相互促进的新发展格局关键时期,以国家物流枢纽为依托干支配有机衔接,既是现代物流发展理论的发展方向,更是现代产业物流系统建设需要解决的实践问题。同时,加快构建联通内外、交织成网、高效便捷的"通道+枢纽+网络"物流运作体系,推动形成国家物流枢纽网络框架和基础支撑,促进区域均衡协调发展,已成为新时期物流经济发展的新任务。在此背景下,基于"物流、经贸、产业"的协同创新发展为目标,本书选取西安作为研究对象,探讨国内国际"双循环"格局下中国内陆物流经济国际化风险及应对策略研究有重要的理论需求和现实意义,既可为国内国际两个市场、两种资源融合联动发展提供风险管理启示,又可为"双循环"新格局下打造内陆开放新高地保驾护航,具有鲜明的时代特征和现实意义(见图3-6)。

图3-6　中欧班列(长安号)
资料来源:课题组拍摄于西安国际港务区。

党的十九大报告指出,我国物流行业要以"一带一路"建设为重点,尽快形成陆海内外联动、东西双向互济的开放格局。在国内国际双循环相互促进的新发展格局下,中国内陆地区的物流经济国际化建设显得尤为重要。习近平总书记在第二届"一带一路"国际合作高峰论坛上提出,"加快建设中欧班列、国际双循环相互促进的新发展格局关键时期,以国家物流枢纽为依托,既是现代物流发展理论的发展方向,更是现代产业物流系统建设需要解决的实践问题。"[①]

与此同时,加快构建联通内外、交织成网、高效便捷的"通道+枢纽+网络"物流运作体系,可推动形成国家物流枢纽网络框架和基础支撑,进而促进区域均衡协调发展,已成为新时代物流经济发展的新任务。因此,内陆地区物流经济的国际化风险研究显得尤为重要。

1. 研究模型

风险模糊综合评价的关键一环是赋予各风险因素适宜的权重,本书采用层次分析法确定风险因素的权重。层次分析法(AHP)是由匹兹堡大学托马斯·塞蒂于20世纪70年代提出的一种解决多目标复杂问题的定性、定量相结合的系统决策分析方法。该方法于20世纪80年代开始在中国流行,是一种定性与定量相结合的方法,适用于评价因素难以量化且结构复杂的评价问题,因此也适用于面向建设西安亚欧国际物流枢纽的多式联运网络的多目标、多准则、缺乏定量因素的风险问题研究,能为此类复杂决策问题提供数字化评价的解决方案。本书运用层次分析法中的模糊综合评价模型进行风险识别和评估,不仅考虑到物流经济国际化建设中难以量化的定性因素,还通过具体数据分析避免定性过程中主观因素的影响,结合层次分析,生成权重,构建层次模型矩阵,综合评判风险,进而解决多目标、多准则、缺乏定量因素的风险因素权重问题。

关于指标选取,本书采用专家函询进行调查,得到最终趋于一致的意见,使结果更客观。在专家筛选方面,依据德尔菲法的要求,专家的选择

---

① 习近平在第二届"一带一路"国际合作高峰论坛开幕式上的主旨演讲(全文)(1)[EB/OL]. 新华社, 2019-04-26.

应为"组织内外部的专家"且"组内的每一位成员都了解相关的基本问题"。参照这一标准,确定了中国铁路西安局集团有限公司、西安陆港、中欧班列项目处等单位内对本领域有认识、专门从事相关研究的专家,以电子邮件的方式发送并回收与反馈。本书在梳理近年来各类有关物流经济国际化建设先行研究的基础上,结合物流经济国际化的特点和管理学"人、机、管、环"的 4M 理论,按照全面风险管理模式,将物流经济国际化的风险划分为物理网络风险、业务网络风险、管理网络风险、环境网络风险等 4 个一级指标和场站设施、载运工具、线路能力、设备设施、主体责任、人事管理、人员能力、信息沟通、运输选择、多方协作、自然、市场、政策等 13 个二级指标,引入 1~9 标度,如表 3-15 所示。

表 3-15　　　　　　　　　　　　　标度及其含义

标度 a_{ij}	含义
1	i 与 j 同样重要
3	i 比 j 略重要
5	i 比 j 较重要
7	i 比 j 非常重要
9	i 比 j 绝对重要
2, 4, 6, 8	为以上两判断之间的中间状态对应的标度值

注:表中的 a_{ij} 代表临界指数的标度水平,i 代表指标因素 i,j 代表指标因素 j。

2. 分析检验

将整个系统划分为目标层、因素层、子因素层 3 个层次,自下而上对各层次诸评价因素两两比较,建立判断因素矩阵 n×n 矩阵,引入 1~9 标度,按照 $\dfrac{n \times (n-1)}{2}$ 个判断数值,得出评价结果判断矩阵,再把各层次的评价结果综合到评价目标。对各项平均水平进行四舍五入,得到并建立的判断矩阵如表 3-16 所示。

表 3-16　　　　　　　　　　　　　统计结果

因素名称	A-物理网络风险	B-业务网络风险	C-管理网络风险	D-环境网络风险
A-物理网络风险	1	1/2	1/2	1
B-业务网络风险	2	1	1/3	1/2

因素名称	A – 物理网络风险	B – 业务网络风险	C – 管理网络风险	D – 环境网络风险
C – 管理网络风险	2	3	1	1
D – 环境网络风险	1	2	1	1

整理得到 P 矩阵如下所示：

$$P = \begin{bmatrix} 1 & 1/2 & 1/2 & 1 \\ 2 & 1 & 1/3 & 1/2 \\ 2 & 3 & 1 & 1 \\ 1 & 2 & 1 & 1 \end{bmatrix} \tag{3 – 11}$$

将以上 P 矩阵按行相加，得到样本的置信区间，并进行归一化操作得出 A 因素的特征向量和最大特征根，特征向量即为指标的权重系数。当判断矩阵具有较满意的一致性时可继续进行，计算得出矩阵 P 的最大特征根为 4.2411，随后再对其进行一致性指标检验，如下所示。

$$CI = \frac{\lambda_{max} - n}{n - 1} \tag{3 – 12}$$

式（3 – 12）中：CI 为指标因素的一致性程度；λ 为特定参数；n 为行、列元素个数。

当 $\lambda_{max} = n$ 时，CI 值为 0，表示完全一致；当 CI 值越大，判断矩阵的一致性越差。计算得出本矩阵的 CI 值为 0.0804，一致性较好。

引入判断矩阵的平均随机一致性指标（RI）值，对于 1 ~ 9 阶矩阵的 RI 值如表 3 – 17 所示：

表 3 – 17　　　　　　　　　　平均随机一致性指标

阶数	1	2	3	4	5	6	7	8	9
RI	0	0	0.58	0.90	1.12	1.24	1.32	1.41	1.45

修正后的一致性指标用 CR 表示一致性指标 CI 与同阶平均随机一致性指标 RI 之比如下所示：

$$CR = \frac{CI}{RI} \tag{3 – 13}$$

式（3-13）中：CR 为修正后一致性指标；RI 为平均随机一致性指标。

当 CR≤0.1 时，认为判断矩阵具有满意的一致性。CR 值为 0.0903，则 CR≤0.1，认为通过一致性检验。求解出局部权重，则认定可以使用权重进行层次分析法计算，如表 3-18 所示。

表 3-18　　　　　　　　　几何平均值与权重

一级指标	几何平均值	权重
A - 物理网络风险	0.7071	0.1676
B - 业务网络风险	0.7598	0.1799
C - 管理网络风险	1.5651	0.3703
D - 环境网络风险	1.1892	0.2817

同理，在各二级指标层进行上述操作，得出西安物流经济国际化建设风险评估指标权重汇总如表 3-19 所示。

表 3-19　　　　　　物流经济国际化风险评估指标权重

一级指标	权重	二级指标	权重	综合权重
A - 物理网络风险	0.1676	A_1 - 场站设施	0.2071	0.0347
		A_2 - 载运工具	0.2071	0.0347
		A_3 - 线路能力	0.2929	0.0491
		A_4 - 设备设施	0.2929	0.0491
B - 业务网络风险	0.1799	B_1 - 主体责任	0.2493	0.0449
		B_2 - 人事管理	0.1571	0.0282
		B_3 - 人员能力	0.5936	0.1068
C - 管理网络风险	0.3703	C_1 - 信息沟通	0.4423	0.1640
		C_2 - 运输选择	0.3874	0.1436
		C_3 - 多方协作	0.1692	0.0627
D - 环境网络风险	0.2817	D_1 - 自然	0.5936	0.1672
		D_2 - 市场	0.2493	0.0702
		D_3 - 政治	0.1571	0.0443

通过表 3-19 可以看出，在一级指标中，管理网络风险 > 环境网络风险 > 业务网络风险 > 物理网络风险；二级指标中，自然因素最为突出，其次是信息沟通、运输的选择、人员能力，以上几点的综合权重均超过了 0.1000。

3.3　亚欧物流通道运输服务贸易脆弱性研究

国际运输是国际服务贸易的重要组成部分，它是伴随着国际货物贸易和国际服务贸易的发展，以及服务业内部分工国际化而产生并逐步发展起来的。国际货物运输是国际货物贸易过程中不可或缺的重要环节之一，国际货物贸易中的一切商品都必须通过运输过程才能实现商品的跨国界位移。早在公元前 2000 多年前，由于水上交通便利，地中海沿岸的各奴隶制国家之间就已经开展了对外贸易，出现了腓尼基、迦太基、亚历山大、希腊、罗马等贸易中心和贸易民族。但是由于自然经济占统治地位，生产的目的主要是为了消费，商品经济在整个社会生产中并不占主导地位，能够进行贸易的商品很少。而且，从当时的商品贸易构成来看，奴隶是当时欧洲国家对外贸易的主要商品之一。希腊的雅典就是当时贩卖奴隶的一个中心。由于交通工具简陋，贩卖奴隶主要只能依靠海上运输，因此，海运就成了最早的国际贸易的运输方式。可见，早期的运输服务贸易萌芽于奴隶社会初期西欧国际贸易区的商品贸易，并且海上运输是与商品贸易活动结合在一起的，没有独立的运输服务业，而且深受海上运输交通发展的影响。14 世纪开始，商人们为了经济扩张的需要，一般都拥有自己的船舶或船队以贩运商品，而且商人往往随船同到商品的销售地，并在商品销售地展开商务活动。这就是航运史上的"商人船主"时期。而具有一定规模的国际运输服务贸易始于 15 世纪新大陆的发现、美洲的开发和航运业的兴起，同时，随着商品贸易的种类和数量的不断增加又进一步推动了国际运输服务贸易的发展。到了 18 世纪，随着货物贸易种类和数量的增加以及鼓励移民和贩卖奴隶促使运输服务贸易量迅速增加，仅在 16～17 世纪这 200 年中，荷兰的船运量即增加了将近 9 倍。在陆路运输领域内，四轮马车与二轮马车设计的改进，也导致运输能力的大幅提高。第一次产业革命之后，生产力空前发展，贸易活动规模越来越大，范围越来越广，同时，造船技术和航海技术也空前提高。在这样的条件下，海上运输活动逐渐从贸易活动中分离出来，形成独立的海运服务业，即专业航运，这样就出现了海运服务贸易。可见,海运服务贸易是运输服务贸易的最早形式和主要形式。

19世纪以来,随着科技的不断进步,相继出现了铁路运输、航空运输和公路运输。1825年世界上第一条铁路出现在英国,其后铁路运输迅速发展且成为世界交通的领导者,到19世纪末,世界铁路总里程达65万公里[①]。20世纪60年代起,多个国家开始修建高速铁路。而货运铁路亦连接至港口,并与船运合作,以货柜运送大量货物以大大减低成本。目前,国际铁路运输是在国际贸易中仅次于海运的一种主要运输方式。其最大的优势是运量较大,速度较快,运输风险明显小于海洋运输,能常年保持准点运营等。国际铁路运输中的主要铁路干线有西伯利亚大铁路、加拿大连接东西两大洋铁路、美国连接东西两大洋铁路和中东—欧洲铁路等。而且,目前西欧各国正在通力合作,兴建高速铁路系统。以北欧和苏格兰为两端起点,贯穿欧洲大陆,并与西班牙、意大利、希腊的铁路相衔接,全长3万公里[②]。这些国际铁路运输线在国际化背景下大大促进了国际贸易的发展。我国通往欧洲的国际铁路联运线有两条:一条是利用俄罗斯的西伯利亚大陆桥贯通中东、欧洲各国;另一条是由江苏连云港经中国的新疆与哈萨克斯坦铁路连接,贯通俄罗斯、波兰、德国至荷兰的鹿特丹。后者称为新亚欧大陆桥,运程比海运缩短9000公里,比经由西伯利亚大陆桥缩短3000公里[③],进一步推动了我国与欧亚各国的经贸往来,也促进了我国沿线地区的经济发展。

航空运输作为服务贸易的一种重要形式,是世界贸易组织(WTO)成立之后才开始被纳入多边贸易体制之中的。1903年美国赖特兄弟制造的以内燃机为动力的飞机试飞成功,是人类历史上第一架能够载人和货物的飞机,从此之后,世界航空货运便快速发展。20世纪初的1909年,法国最先开启了商业航空运输服务,接着德国、英国、美国相继开展航空运输业务。"一战"结束后,飞机不再被用于战争,而是开始被用于速递邮件,而且迅速发展为经营收入可观的航空货运业,1919~1939年,世界各地的航空邮件快递公司的收入超过邮电收入总额的一半。"二战"结束后,西方国家都大力发展航空工业,改进航空技术,增添航空设备,开辟国际航

---

①②③　William W. Hay, Railroad Engineering［M］. Wiley, 1982.

线，从而形成了全球性的航空运输网，使航空货运业脱离了过去传统的运输模式，而演变成一种更具有使用价值的运输方式，在市场的驱动下，航空货运作为国际贸易运输的方式之一随之产生与发展起来。1970年1月22日，美国泛美航空公司的大型宽体货机B747从纽约肯尼迪机场起飞飞越大西洋，能够大规模运送旅客和货物的机型开始投入运营，标志着国际航空运输业进入了一个新时代。

进入21世纪以来，全球各大航空公司纷纷把货运业务分拆成独立运作的货运航空公司，提供其他配套、增值服务，将航空物流塑造成为利润中心。其中较成功的包括汉莎货运航空、新加坡货运航空、英航货运和日本货运航空等。航空货物运输已经成为国际货运，特别是洲际货运的重要方式。

公路运输是19世纪末随着汽车业的发展而产生的。初期主要承担短途运输业务。"一战"结束后，基于汽车工业的发展和公路里程的增加，公路运输进入了快速发展的阶段，不仅是短途运输的主力，并进入长途运输的领域。"二战"后，公路运输发展迅速。欧洲许多国家和美国、日本等国建成了比较发达的公路网，使公路运输在运输业中跃居主导地位。公路运输作为一种方便快捷的运输方式，近年来在国际物流中也发挥着重要的作用。虽然公路运输成本较高，适用于小范围内的运输，但是，在国际物流货物运输中对时间性要求较高，并且运输距离较短时，公路运输是不可缺少的运输方式。

可见，运输服务贸易从产生到引起各国的普遍关注经历了漫长的发展过程。从服务贸易的产生到20世纪中叶，商品贸易一直居于世界贸易的主导地位，国际服务贸易并未引起人们的关注，只是作为商品贸易的派生形式和补充角色而存在。而运输服务贸易作为服务贸易中重要的形式之一，最早也只是国际商品贸易过程中的一个重要环节而已。第二次世界大战以后，随着第三次科学技术革命的发生，发达国家的产业结构不断优化，第三产业迅速发展，以及资本的国际化和国际分工的不断扩大，使各国服务业迅速发展并且各具比较优势，从而使得国际服务贸易规模不断扩大。同时，随着经济和科学技术的不断发展，运输业作为一国国民经济的基础产业在发达国家获得了优先发展，这在一定程度上促进了运输服务业的国际化。进入 20 世纪 90 年代以来，信息技术的高速发展和电子商务的出现，以及《服务贸易总协定》的签署，使国际服务贸易进入到一个在规范中不断发展的新时期，并出现了服务贸易增长速度超过货物贸易的局面，从而有力地推动了国际运输服务贸易的快速发展。

而当前，"一带一路"东连世界经济"新引擎"的亚太经济圈，西接发达的欧洲经济圈，被认为是"世界上最长、最具有发展潜力的经济大走廊"（Wang et al.，2021）。亚欧物流通道作为"一带一路"互联互通的载体，承担着沿线国家的大部分运输重任。随着"一带一路"建设的纵深推进，物流通道的基础战略意义得以显现，它作为沿线地区的经济纽带实现了区域经济的协同发展（Wang et al.，2020）。高质量构建国家物流枢纽可串联东起东亚韩国和日本，途经中亚西亚，西至欧洲的亚欧物流大通道，有助于发挥物流产业集聚效应，促进资源禀赋有效利用，为区域经济高质量发展提供一体化现代物流服务的同时，促进沿线国家有效互联互通，对于东北亚经济一体化及与亚洲、欧洲国家间的经贸往来具有深远的战略意义（Wang et al.，2021）。交通运输是畅通国内国际双循环的重要纽带和基础支撑，加快建设现代综合交通运输体系，紧扣运输和衔接两个关键环节，大力提升运输链综合效率，努力缩短循环周期，对于提升经济运行的整体效率具有重要作用。亚欧陆海贸易大通道的脆弱性研究，对于构建双循环经济发展新格局具有重要意义。

内陆港作为物流通道的枢纽节点，其物流集散与综合运输服务功能日益突出。近年来，中国内陆港货物吞吐量增长势头明显。中国港口年鉴数据显示，中国的内陆港货物吞吐量约占整体港口吞吐总量的 33%[①]。而交通基础设施建设对经济发展的促进作用显著，国际贸易的开展一定程度上取决于物流基础设施的建设程度。截至 2021 年，中国已与 26 个国家或地区签署了 19 个自由贸易协定，这为中国进一步参与国际经贸活动提供了便利。尤其是 2020 年底签订的中欧全面投资协定，将有力助推中欧经贸发展进入新阶段。在此背景下，本书探讨中国内陆港建设对亚欧物流通道"交通—经贸"创新发展模式，既是对"交通强国"的积极回应，也是高质量

---

① 资料来源：中国港口网。

建设现代物流服务体系,提升中国国际话语权和影响力的具体体现,具有鲜明的时代特征和现实需求。

根据数据的可获得性,本书选取了 2010~2019 年亚欧通道沿线的 24 个经济体作为研究样本进行分析。同时,根据世界银行的人均国内生产总值标准,人均 GDP 超过 12375 美元的国家被划分为发达国家,人均 GDP 在 1026 美元~12375 美元之间的国家则为发展中国家(Wang et al.,2021)。鉴于此,本书将样本国家分为发达国家组和发展中国家组,如表 3 – 20 所示。

表 3 – 20   国家样本

发达国家	奥地利、克罗地亚、捷克、爱沙尼亚、芬兰、法国、德国、匈牙利、爱尔兰、意大利、日本、韩国、拉脱维亚、立陶宛、波兰、葡萄牙、斯洛伐克、西班牙、瑞典、瑞士、英国
发展中国家	罗马尼亚、俄罗斯、中国

此外,本书通过查找相关资料及文献,梳理得出中国的 74 个内陆港,主要分布在 24 个省区市,如表 3 – 21 所示。

表 3 – 21   内陆港样本

地区	内陆港
浙江省	义乌、绍兴、萧山、金华、衢州、余姚、丽水
江苏省	徐州、昆山
广东省	梅州、东莞(太平港)、韶关
山东省	临沂、枣庄、泰安、聊城、青岛(即墨区)、淄博、济宁
辽宁省	锦州
河北省	石家庄、邯郸、张家口、保定、衡水
陕西省	西安
四川省	成都、宜宾、泸州、乐山、南充、广安
安徽省	合肥、宣城
山西省	介休、华远国际陆港、朔州、大同、阳泉
湖南省	岳阳、怀化、长沙、衡阳
吉林省	集安、长春、通化、珲春
内蒙古自治区	二连浩特、满洲里、包头、赤峰、伊泰

续表

地区	内陆港
黑龙江省	哈尔滨、牡丹江、大庆
宁夏回族自治区	银川、石嘴山
贵州省	黔东南
云南省	昆明、昭通
新疆维吾尔自治区	乌鲁木齐、阿拉山口
甘肃省	兰州、武威
河南省	郑州
江西省	南昌、赣州、鹰潭、九江、上饶
湖北省	襄阳
福建省	晋江
北京市	朝阳、平谷

1. 拓展的贸易引力模型

引力模型起源于牛顿物理学中的"引力法则",即两个物体之间的引力与它们各自的质量成正比,与它们之间的距离成反比。贸易引力模型解释了双边贸易流量的决定因素,包括人口、GDP、地理距离等。最初的贸易引力模型源自物理学中牛顿提出的万有引力定律,由廷伯根(Tinbergen)最早将引力模型应用于国际贸易领域,此后在莱曼(Lineman)等学者的不断推进下,贸易引力模型的理论基础得到逐步完善,现已成为双边贸易实证研究的主要研究模型。

在本书采用的贸易引力模型中,贸易流动(Exim)指的是双边商品进出口贸易的总和。自变量分为两组。第一组包括:亚欧通道沿线国家的国内生产总值(GDP)、人口数量(POP)、与中国的地理距离(Dis),以及从中国流入亚欧通道沿线国家的直接投资(FDI)。第二组为中国内陆港货物吞吐量(Port)。为消除由于样本数据较大引起的异方差性,对模型中变量取对数处理,最终模型如下所示:

$$\text{LnExim}_{cjt} = \alpha_0 \text{LnGDP}_{it} + \alpha_1 \text{LnPOP}_{it} + \alpha_2 \text{LnDis}_{ict} + \alpha_3 \text{LnFDI}_{ict} + \alpha_4 \text{LnPort}_{ct} + \varepsilon_{it}$$

$$(3-14)$$

其中，$Exim_{cjt}$ 为被解释变量，表示 t 年中国对亚欧通道国家 j 的商品进出口贸易总额；GDP_{it} 表示 t 年亚欧通道国家 i 的国内生产总值；Dis_{ict} 表示亚欧通道国家 i 与中国的地理距离；FDI_{ict} 表示中国在 t 年对亚欧通道沿线国家 i 的外国直接投资额；$Port_{ct}$ 表示中国在 t 年内陆港货物吞吐量；αi 为反映自变量对因变量影响大小的参数，其含义是自变量变动 1%，则因变量变动 αi%，因此，α_0、α_1、α_2、α_3、α_4 分别代表自变量 GDP、POP、Dis、FDI 以及 Port 对因变量 Exim 的影响程度；ε_{it} 为随机误差项。

2. 显示性比较优势指数

显示性比较优势指数（revealed comparative advantages，RCA）常被用来衡量一国产品或产业在国际市场中的竞争力水平，由美国经济学家巴拉萨在 1965 年研究竞争力问题时首次提出。通过 RCA 显示性比较优势指数可以判定一国的哪些产业更具出口竞争力，从而揭示一国在国际贸易中的比较优势。目前，RCA 指数已成为研究服务贸易竞争力的重要研究工具之一。本书运用 RCA 指数比较样本国家的运输服务贸易竞争力，公式如下：

$$RCA_{ij} = (X_{ij}/Y_i)/(X_{wj}/Y_w) \tag{3-15}$$

其中，RCA_{ij} 为反映国家 i 运输服务贸易竞争力的显示性比较优势指数；X_{ij} 为亚欧通道国家 i 的运输服务贸易出口额；X_{wj} 为世界运输服务贸易总出口额；Y_i 为亚欧通道国家 i 的服务贸易出口额；Y_w 为世界服务贸易总出口额。当 RCA 指数在 $[-\infty, 0]$ 范围内时，表示不具有竞争力；$[0, 0.8]$ 范围内时，表示竞争力很弱；$[0.8, 1.25]$ 范围内时，表示竞争力较强；$[1.25, 2.5]$ 范围内时，表示具有很强的竞争力；$[2.5, +\infty]$ 范围内时，表示具有极强的竞争力。

综上所述，本书主要通过拓展贸易引力模型和 RCA 显性比较优势指数来探讨亚欧通道沿线国家的"交通—经贸"关系，本书中所使用的主要变量及数据来源如表 3-22 所示。

表 3 – 22 主要变量的含义及数据来源

变量	变量含义	数据来源
Exim	中国对亚欧通道沿线国家的商品贸易进出口总额	OECD 数据库
GDP	亚欧通道沿线国家国内生产总值	世界银行数据库
POP	亚欧通道沿线国家人口数量	世界银行数据库
Dis	亚欧通道沿线国家与中国的地理距离	CEPII 数据库
FDI	亚欧通道沿线国家的外国直接投资总额	世界银行数据库
Port	中国内陆港货物吞吐量	中国港口年鉴
X_{ij}	亚欧通道沿线国家运输服务贸易出口额	OECD 数据库
X_{wij}	世界运输服务贸易总出口额	OECD 数据库
Y_i	亚欧通道沿线国家服务贸易出口额	OECD 数据库
Y_w	世界服务贸易总出口额	OECD 数据库

3.4 "一带一路"低碳绿色可持续发展研究

温室气体的过量排放导致温室效应不断增强,对全球气候产生不良影响,二氧化碳作为温室气体中最主要的部分,减少其排放量被视为解决气候问题最主要的途径,如何减少碳排放也成为了全球性议题。为承担解决气候变化问题中的大国责任、推动我国生态文明建设高质量发展,习近平总书记在第七十五届联合国大会一般性辩论上的讲话中提出"二氧化碳排放力争于 2030 年前达到峰值,努力争取 2060 年前实现碳中和"[1],指明我国面对气候变化问题要实现的"双碳"目标。其中,碳达峰就是指碳排放量达峰,即二氧化碳排放总量在某一个时期达到历史最高值,之后逐渐降低。其目标为在确定的年份实现碳排放量达到峰值,形成碳排放量由上涨转向下降的拐点。

具体而言,碳达峰是碳中和实现的前提,碳达峰的时间和峰值高低会直接影响碳中和目标实现的难易程度,其机理主要是控制化石能源消费总量、控制煤炭发电与终端能源消费、推动能源清洁化与高效化发展。目前,世界上已有部分国家实现了碳达峰,如英国和美国分别于 1991 年和

---

[1] 习近平在第七十五届联合国大会一般性辩论上发表重要讲话 [EB/OL]. 新华社, 2020 – 09 – 22.

2007年实现了碳达峰,进入了达峰之后的下降阶段。英国和美国在碳达峰之后,两者的碳排放量并未产生直接的下降,而是先进入平台期,碳排放量在一定范围内产生波动,之后进入碳排放量稳定下降阶段。

而碳中和即二氧化碳净零排放,指的是人类活动排放的二氧化碳与人类活动产生的二氧化碳吸收量在一定时期内达到平衡(IPCC,2018)。其中,人类活动排放的二氧化碳包括化石燃料燃烧、工业过程、农业及土地利用活动排放等,人类活动吸收的二氧化碳包括植树造林增加碳吸收、通过碳汇技术进行碳捕集等。碳中和有两层含义,狭义上的碳中和指二氧化碳的排放量与吸收量达到平衡状态,广义上的碳中和即所有温室气体的排放量与吸收量达到平衡状态。碳中和的目标就是在确定的年份实现二氧化碳排放量与二氧化碳吸收量平衡。碳中和机理即为通过调整能源结构、提高资源利用效率等方式减少二氧化碳排放,并通过CCUS(碳的捕集、利用与封存)、生物能源等技术以及造林/再造林等方式增加二氧化碳吸收。

不良气候变化的灾难性影响推动全球减少碳排放。自从人类社会进入工业化时代以来,以二氧化碳为主的温室气体排放量迅速增加,温室气体浓度升高强化了大气层阻挡热量逃逸的能力,形成更强的温室效应,从而产生了温室气体排放与气候变化之间的紧密联系(Lacis et al.,2010)。

2019年,二氧化碳排放量达到364.4亿吨,占所有温室气体的比重高达74%,是造成温室效应的最主要原因。全球地表平均气温与二氧化碳排放量呈现出相同的变化态势,在2019年达到了10.13℃,与1750年相比升高了2.82℃(Wang et al.,2021)。政府间气候变化专门委员会在第5次评估报告中指出前工业时代以来二氧化碳等温室气体的浓度不断上升,这一现象极有可能是气候变化的主要原因(IPCC,2014)。

虽然近年来全球碳排放量的增长速度有所放缓,但全球二氧化碳排放量仍未到达顶峰,意味着未来气候变化问题依旧严峻。气候变化对人类赖以生存的自然环境产生了破坏性的影响,包括极端天气事件的增多、海平面上升、农作物生长受影响等,因此控制碳排放以减缓全球气候变暖,从而促进人类社会健康发展成为了重要的全球议题。

减少碳排放以应对气候变化逐步成为全球共识。全球为应对气候危机,通过历次气候大会形成了阶段性的减排原则和减排目标,"碳中和"即为

21世纪中叶的目标。1992年，联合国组织签订了《联合国气候变化框架公约》，确定了"共同但有区别的责任"原则，要求发达国家先采取措施控制温室气体的排放，并逐步为发展中国家提供资金和先进技术；而发展中国家在发达国家的帮助下，采取对应的措施减缓或适应气候变化。1997年，《联合国气候变化框架公约的京都议定书》（以下简称为《京都议定书》）达成，并于2005年2月正式生效。《京都议定书》设定了温室气体排放控制目标，规定了缔约方的减排任务；更重要的是其以法规的形式限制温室气体排放，并确定了三种灵活合作机制：清洁发展机制、联合履行机制和排放贸易机制。2005年，欧盟碳排放交易系统开始运行，标志着减排方式中的排放权交易开始实施，助力各国减少碳排放，同时促进碳金融产业的发展。

2015年，第二份有法律约束力的气候协议——《巴黎协定》正式通过，为2020年之后全球应对气候变化的行动做出安排：较工业化前温度水平，全球平均气温升高程度应控制在2摄氏度之内，并努力做到升温在1.5摄氏度之内，并且在21世纪下半叶实现温室气体净零排放；同时《巴黎协定》要求各缔约方递交国家自主贡献目标，截至2021年8月10日，共有192个缔约方递交了国家自主贡献目标，共同为控制碳排放而努力。2020年12月12日，气候雄心峰会上，联合国秘书长强调联合国2021年的中心目标是在全球组建21世纪中叶前实现碳中和的全球联盟。

面对全球范围内开展气候行动的趋势，我国从1979年开始逐渐推进节能减排工作，积极推动应对气候变化的措施，主动承担起大国责任，为实现人类社会的健康发展做出努力。同时，日益严峻的生态环境问题要求我国的发展模式需要向可持续发展模式转变。在这两方面背景下，我国提出了"双碳"目标。中国需要在应对气候行动中展现大国担当。

2019年，中国碳排放达到101.8亿吨，占全球碳排放的27.92%，是世界上年度碳排放最多的国家，在此情况下，中国的气候行动一直备受国际关注[①]。同时，2020年，中国GDP达到101.60万亿元，占全球GDP比重的17.38%，是世界第二大经济体[②]。关于减少碳排放的责任，从历史累

---

① 美媒：中国再生能源发展远超美国［EB/OL］. 中国日报网，2021 - 11 - 04.
② 突破100万亿元大关！2020年我国经济总量占世界经济比重预计超17%［EB/OL］. 新华社新媒体，2021 - 03 - 01.

计数据来看,西方国家的碳排放主要从工业革命开始就已经进行,而发展中国家的碳排放起始时间相对较晚,应该以历史累计碳排放量还是以现在的碳排放量来分担责任一直是一个博弈点。从人均碳排放的角度来看,发达国家的人均碳排放量虽然在逐渐下降,但是仍有部分发达国家高于发展中国家,特别是人均累计碳排放量远高于发展中国家,国家的发展需要不断地累积才能达到一定的高度来满足本国人民的需求,发展中国家当前阶段的发展对能源消耗、工业化建设等活动有更高需求,会使自身实现碳达峰碳中和目标更为困难。因此,发达国家和发展中国家在应对气候变化问题上存在核心的利益矛盾。在此情况下,面对世界领导结构变化的国际形势,中国不纠结于历史碳排放总量等问题,主动提出加强国家自主贡献以及"双碳"目标,是对国际社会关注的积极回应,是中国在《巴黎协定》下具有里程碑意义的减排目标,表明中国坚决维护《巴黎协定》、积极进行气候治理的决心,同时也是体现中国融入全球治理、体现大国责任担当的表现。

2022年,国家发改委、外交部、生态环境部、商务部联合下发的《关于推进共建"一带一路"绿色发展的意见》提出,到2025年,共建"一带一路"生态环保与气候变化国际交流合作不断深化,绿色基建、绿色能源、绿色产业、绿色科技等领域务实合作扎实推进,境外项目环境风险防范能力显著提升,共建"一带一路"绿色发展取得明显成效。现代物流业在促进了经济高速发展的同时,不可避免地造成一系列环境问题,比如发展物流时高排放带来的生态环境损害和污染,因此,为了使物流活动更具有环境可持续性,物流行业在创造经济的同时重点关注绿色低碳就显得尤为必要。本书将对亚欧物流通道低碳运输进行探讨与分析,以期为物流可持续发展提供参考。

3.4.1　亚欧物流通道交通运输碳排放脱钩分析

脱钩(decoupling)理论是经济合作与发展组织(OECD)提出的形容阻断经济增长与资源消耗或环境污染之间联系的基本理论。碳排放脱钩是经济增长与温室气体排放之间关系不断弱化乃至消失的理想化过程,即在实现经济增长基础上,逐渐降低能源消费量。而碳排放的经济增长弹性就是碳排放脱钩情况,因此弹性成为衡量各地区低碳状况的主要工具。

具体而言,碳排放脱钩是指二氧化碳排放量的变化与经济增长之间的关系问题。当实现经济增长的同时,二氧化碳排放量增速为负或者小于经济增速可视为脱钩,其实质是度量经济增长是否以资源消耗和环境破坏为代价。碳排放脱钩是经济增长与温室气体排放之间关系不断弱化乃至消失的理想化过程,即实现经济增长基础上,逐渐降低能源消耗量。碳排放的经济增长弹性就是碳排放脱钩情况,因此弹性成为衡量各地区低碳状况的主要工具(曹广喜等,2015)。

近年来,由于全球温室气体排放量持续增加,气候变化对社会经济发展的负面影响日益显著。因此,国际社会非常关注全球变暖问题,并为减缓温室气体排放量的增长做出了巨大努力。在气候环境这一方面,《巴黎协定》的制定几乎在全球范围内就承诺实现二氧化碳减排这一目标达成共识(Zhao et al.,2017;Mi et al.,2017)。基于行业的全球温室气体排放数据,交通运输部门的贡献率为27%,仅次于电力生产(U. S Environmental Production Agency,2017)。交通运输部门对全球二氧化碳排放的巨大贡献使其成为越来越多的研究和关注领域(Wang et al.,2020a)。

众所周知,亚欧物流通道是连接东西方的重要交通枢纽,向"一带一路"沿线国家提供货物和服务。这种密集的交通运输网络,在促进经济社会快速发展的同时交通运输二氧化碳排放量也显著增加(Wang et al.,2020b)。随着世界经济增长引擎逐步向亚洲转移,亚洲许多经济体已成为国际分工的重要贡献者和劳动力来源,从而加强了亚洲和世界各国的贸易和经济发展(Maparu et al.,2017)。交通基础设施的不断改善有助于促进亚太地区与位于欧亚大陆两端的欧盟经济圈之间日益紧密的经济和贸易联系。根据中国商务部的数据(MOFCOM,2019),欧盟现在是中国最大的贸易伙伴。2019年,中国对欧盟进出口总额增长8%,两国贸易总额达到7051亿美元(MOFCOM,2019)。同时,中国也成为韩国最大的贸易顺差来源国、贸易伙伴国和投资对象国。除此之外,韩国还与日本合作,尝试通过开发一种结合海运的新型多式联运机制来解决亚欧之间的货物运输问题(Wang et al.,2020)。亚欧物流通道不仅通过降低成本提高了运输效率，极大地促进了该地区国家的经济社会发展，而且在降低能源消耗和二氧化碳排放方面也做出了巨大贡献。

1. 交通部门二氧化碳排放强度模型

为了确定欧亚走廊沿线国家二氧化碳排放与经济增长之间的关系，本书使用了 Tapio 脱钩模型。脱钩索引 e 的描述如下：

$$e = \frac{C^t - C^0/C^0}{G^t - G^0/G^0} = \frac{\Delta C/C^0}{\Delta G/G^0} = \frac{C\%}{G\%} \qquad (3-16)$$

其中，C^t 和 G^t 分别代表目标年 t 各国交通运输部门的二氧化碳排放量和增加值；C^0 和 G^0 分别代表基准年 0 交通运输部门的二氧化碳排放量和增加值；C% 代表交通运输业二氧化碳排放量的增长率，G% 代表交通运输业增加值增长率。

在 Tapio 脱钩模型中，脱钩状态分为八种不同的类型，如图 3-7 所示。

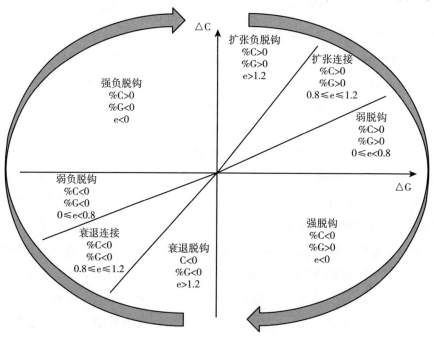

图 3-7   Tapio 脱钩状态

资料来源：Tapio P. , Towards a theory of decoupling: degrees of decoupling in the EU and the case of road traffic in Finland between 1970 and 2001 [J]. Transport policy, 2005, 12 (2): 137-151.

2. LMDI 分解法

为了探究不同因素对交通二氧化碳排放的影响，本书采用 LMDI 分解法对交通运输二氧化碳排放进行分解。交通运输二氧化碳排放量描述如下：

$$C = \frac{C}{E} \times \frac{E}{T} \times \frac{T}{G_t} \times \frac{G_t}{G} \times \frac{G}{P} \times P \qquad (3-17)$$

式（3-17）中，C 为交通运输部门的二氧化碳排放量，E 为交通运输部门的总能耗，T 为货物周转量，G_t 为交通运输部门的增加值，G 为国内生产总值，P 是人数。式（3-17）可进一步表示为：

$$C = CI \times EI \times TI \times EC \times EC' \times P \qquad (3-18)$$

其中 CI（二氧化碳强度）是指单位运输能源消耗的二氧化碳排放量，EI（能源强度）是指单位货物周转的能源消耗量，TI（运输强度）是指单位货物运输（吨/公里）的经济产出，EC（经济结构）是指交通运输部门的产出在区域产出中的份额，EC'（经济规模）是指研究区域的人均收入，P（人口）是指研究区域的人口数量。

（1）LMDI 分解法。

公式如下：

$$\Delta C = C^t - C^0 = \Delta C_{CI} + \Delta C_{EI} + \Delta C_{TI} + \Delta C_{EC} + \Delta C_{EC'} + \Delta C_p \qquad (3-19)$$

$$\Delta C_{CI} = a \times \ln \frac{CI^t}{CI^0} \qquad (3-20)$$

$$\Delta C_{EI} = a \times \ln \frac{EI^t}{EI^0} \qquad (3-21)$$

$$\Delta C_{TI} = a \times \ln \frac{TI^t}{TI^0} \qquad (3-22)$$

$$\Delta C_{EC} = a \times \ln \frac{EC^t}{EC^0} \qquad (3-23)$$

$$\Delta C_{EC'} = a \times \ln \frac{EC^t}{EC'^0} \qquad (3-24)$$

$$\Delta C_P = a \times \ln \frac{P^t}{P^0} \qquad (3-25)$$

$$a = \begin{cases} \dfrac{C^t - C^0}{\ln(C^t/C^0)} & , C^t = C^0 \\ C^t & , C^t = C^0 \neq 0 \\ 0 & , C^t = C^0 = 0 \end{cases} \qquad (3-26)$$

式（3-19）中 ΔC 代表交通运输部门二氧化碳排放的变化，C^t 和 C^0 分别代表目标年 t 和基准年 0 的交通运输二氧化碳排放水平。基准年 0 和 t 年交通运输二氧化碳排放量的变化可分解为 7 个驱动因素：二氧化碳强度效应（ΔC_{CI}）、能源强度效应（ΔC_{EI}）、交通强度效应（ΔC_{TI}）、经济结构效应（ΔC_{EC}）、经济规模效应（$\Delta C_{EC'}$）和人口规模效应（ΔC_P）。

（2）数据来源。

考虑到数据的完整性，本书选取了 2001～2014 年欧亚走廊沿线的 29 个具有代表性的国家。为了研究不同经济水平国家的交通运输二氧化碳排放，本书将沿线国家划分为根据世界银行的人均国内生产总值（GDP）标准，欧亚走廊贯穿发达国家和发展中国家。人均国内生产总值超过 12375 美元的国家被称为发达国家，而人均国内生产总值在 1026 美元和 12375 美元之间的国家被认为是发展中国家。如表 3-23 所示，本书纳入的发达国家有：奥地利、克罗地亚、捷克、爱沙尼亚、芬兰、法国、德国、匈牙利、爱尔兰、意大利、日本、韩国、拉脱维亚、立陶宛、波兰、葡萄牙、斯洛伐克、斯洛文尼亚、西班牙、瑞典、瑞士和英国。使用的发展中国家包括白俄罗斯、中国、印度、罗马尼亚、俄罗斯、土耳其和乌克兰。此外，有关交通运输部门能源消耗的数据来自国际能源署。在本书中，服务业的增值数据被用来代替交通运输行业的增值数据。交通运输二氧化碳排放量、交通运输附加值、GDP 和人口数据由世界银行提供。此外，运输增加值数据转换为 2010 年固定美元值。最后，本书使用经合组织的货运周转数据来计算能源强度和运输强度。

表 3-23　　　　　　　　亚欧物流通道沿线国家分组

类别	国家代码
发达国家	AUT　HRV　CZE　EST　FIN　FRA　DEU　HUN　IRL　ITA　JPN　KOR LVA　LTU　POL　PRT　SVK　SVN　ESP　SWE　CHE　GBR
发展中国家	BLR　CHN　IND　ROU　RUS　TUR　UKR

注：AUT：奥地利；HRV：克罗地亚；CZE：捷克共和国；EST：爱沙尼亚；FIN：芬兰；FRA：法国；DEU：德国；HUN：匈牙利；IRL：爱尔兰；ITA：意大利；JPN：日本；KOR：韩国；LVA：拉脱维亚；LTU：立陶宛；POL：波兰；PRT：葡萄牙；SVK：斯洛伐克；SVN：斯洛文尼亚；ESP：西班牙；SWE：瑞典；CHE：瑞士；GBR：英国；BLR：白俄罗斯；CHN：中国；IND：印度；ROU：罗马尼亚；RUS：俄罗斯；TUR：土耳其；UKR：乌克兰。

3.4.2 "一带一路"交通运输部门碳排放差异性分析

碳排放量是指在生产、运输、使用及回收该产品时所产生的平均温室气体排放量。而动态的碳排放量，则是指每单位货品累积排放的温室气体量，同一产品的各个批次之间会有不同的动态碳排放量。而交通运输部门既是关键的经济部门，也是二氧化碳排放的重要来源（Li et al.，2019；Wang et al.，2020；Zhu et al.，2020）。在经济全球化的今天，双边和多边合作关系已成为主流。在此背景下，"一带一路"已成为世界上最重要、发展最快的经济走廊之一，其社会经济交流促进了交通更高水平的发展。特别是，全球温室气体排放数据显示，2015年全球经济部门排放的主要贡献者是电力生产（29%）、交通运输（27%）和制造业（21%），就全球温室气体排放而言，交通运输行业仅次于电力行业（美国环境保护署，2017年）。根据国际能源署（international energy agency）的估计，交通运输部门的二氧化碳排放量将继续增长，预计到2030年，全球二氧化碳排放量将比2007年增加41%，估计达到93亿吨（Fan et al.，2018）。因此，在分析"一带一路"对全球经济的贡献时，不能忽视其碳足迹的影响（Zhang et al.，2017）。然而，为了减少以交通运输为基础的二氧化碳排放，需要考虑全球经济可持续发展面临的一些重要挑战。

为了减少气候变化对环境的威胁，2016年，世界178个缔约方共同签署了具有国际意义的《巴黎协定》。协议内容是应对气候变化的全球战略斗争和所谓的未来"棘轮"机制的组成部分，这是一项将于2023年启动的定期评估和约束倡议（Stocker，2014）。随着协议的达成，许多国家都提出了自己的低碳行动目标，充分体现了符合世界上绝大多数经济体愿望的"低碳"发展理念。然而，减少交通运输部门的排放不仅取决于实际的二氧化碳情况，还取决于各国的经济发展水平（Luo et al.，2017；Tapio，2005）。因此，明确交通运输二氧化碳排放强度变化趋势，可以为沿线国家设计差异化的有效碳减排政策提供良好的参考依据。

有鉴于此，本书主要调查了位于"一带一路"区域的国家交通运输部门不断变化的二氧化碳排放强度趋势。本书的主要独特之处在于：（1）与以往基于电力、农业和工业的研究不同，本书聚焦于沿线 51 个国家交通运输部门的二氧化碳排放强度。（2）研究交通行业二氧化碳排放强度的时空异质性。（3）分析了沿线国家交通运输业二氧化碳排放的空间自相关。此外，本书还利用泰尔指数和半变异函数模型探讨了交通行业二氧化碳排放强度的时空异质性。本书提出了一种新的方法，利用半变异函数模型分析二氧化碳排放强度的异质性范围，利用泰尔指数模型探讨不同国家之间的差异程度，并重点分析了高、低浓度区域。

1. 交通运输行业二氧化碳排放异质性

不同国家间的交通运输二氧化碳排放强度水平可以在两个关键方面证明特定的产业结构是合理的。首先表示不同国家和地区在交通运输部门内部存在的协调程度。其次反映交通运输部门有效利用资源的水平。本书的变异系数是指沿线国家交通运输二氧化碳排放强度与平均值之间的相对差值。它反映的是相对空间差异，即沿线国家交通运输二氧化碳排放强度标准差与平均值之比（Cheong et al.，2019）。泰尔指数是由泰尔（Theil，1967）首先提出的，用来衡量样本之间的差异。近年来，它被广泛应用于衡量区域收入和能源强度不平等（Husted et al.，2020；Mehdi et al.，2016；Zhang et al.，2017a）。泰尔指数的优势在于，它可以衡量群体内和群体间的差距对总体差距的贡献，从而避免了计算绝对值。本书采用 Theil 指数 CV_t、GE_0 和 GE_1 来描述不同国家和地区二氧化碳排放强度的差异。它们也被用来衡量沿线交通部门的合理化水平。CV_t、GE_0 和 GE_1 表示如下：

$$CV_t = \frac{\sqrt{\frac{1}{n}\sum_i (y_i - y)^2}}{y} \qquad (3-27)$$

$$GE_0 = \frac{1}{n}\sum_{i=1}^n \ln \frac{y}{y_i} \qquad (3-28)$$

$$GE_1 = \frac{1}{n}\sum_{i=1}^n \frac{y_i}{y}\ln \frac{y_i}{y} \qquad (3-29)$$

式（3-27）中，CV_t 为 i 国交通运输二氧化碳排放强度的变异系数，GE_0 为 i 国交通运输二氧化碳排放强度的对数偏离均值，GE_1 为 i 国交通运输二氧化碳排放强度的泰尔指数，n 为所选国家个数，n = 51，y_i 为国家 i

的交通运输二氧化碳排放强度，y 为各国二氧化碳排放强度的平均值。

利用半变异函数描述了沿线 51 个国家交通运输部门二氧化碳排放强度的区域化空间变化特征。半变异函数表示为：

$$r(p_i, p_j) = \frac{1}{2} var(Z(p_i) - Z(p_j)) \qquad (3-30)$$

其中，var 表示方差；p_i 和 p_j 为国家 i 和 j 的中心地理位置；$Z(p_i) - Z(p_j)$ 为国家 i 和国家 j 的空间位置差距，当 p_i 和 p_j 的距离逐渐增大时，相似度越低，值 $Z(p_i)$ 和值 $Z(p_j)$ 之间的差距越大。

半变异函数模型在一定距离处呈现水平状态。首先呈现水平状态的距离是一个变量范围，代表了交通运输二氧化碳排放强度空间相关性的范围，包括主变量和次变量。在此范围内，各国交通运输二氧化碳排放强度的空间距离越小，相关越大。异质性是指二氧化碳排放强度随时间的变化，呈现不同的变化方向和趋势。结合半变异函数，相关性可以被测量为距离函数，可以有效地代表空间异质性和区域间距离的整体变化，从而反映出变化的方向。

2. 交通运输行业二氧化碳排放的空间自相关

空间相关性表征了沿线国家交通运输部门二氧化碳排放强度空间关联度的总体特征。它还可以度量总体二氧化碳排放强度的空间依赖性和差异程度，从而反映整个区域的空间集聚（Hammond et al., 2012；Xu et al., 2012）。利用莫兰指数来衡量空间单元属性值的聚类程度，同时也研究了相邻位置属性（或现象）的相关性。此外，全局莫兰指数还考察了区域内各空间要素的平均关联度及其显著性。因此，在本书背景下，莫兰代表了沿线国家交通运输二氧化碳排放强度的全局莫兰指数，其取值范围为 [-1,1]。i 越接近 1，正相关程度越强；i 越接近 -1，负相关程度越强；i 越接近 0，区域之间就越可能不存在空间自相关。

$$\text{Moran's I} = \frac{n \sum_{i=1}^{n} \sum_{j=1}^{n} W_{ij}(y_i - y)(y_j - y)}{\sum_{i=1}^{n} \sum_{j=1}^{n} W_{ij} \sum_{i=1}^{n} (y_i - y)^2} \qquad (3-31)$$

其中，n 为国家总数，n = 51；W_{ij} 为空间权值矩阵，当 i 和 j 是相邻空间位置时，$W_{ij} = 1$；否则，$W_{ij} = 0$，基于相邻接关系；y_i 和 y_j 分别为国家 i

和国家 j 的二氧化碳排放强度水平，y 为所有国家二氧化碳排放强度的平均水平。

　　为了分析 51 个沿线国家交通运输二氧化碳排放强度的空间自相关性，还对其空间分布进行了检验。莫兰指数的显著性检验通常假设变量服从正态分布，如式（3 - 32）、式（3 - 33）、式（3 - 34）所示。并对各国交通运输二氧化碳排放强度值进行显著性检验，检验其是否存在空间自相关。在 0.05 的显著性水平下，当 Z 值大于 1.96 时，说明区域单元之间存在正的空间自相关。即相似的二氧化碳排放强度值（高或低）具有空间集聚特征；当 Z 值小于 1.96 时，表明区域单元之间存在空间负相关，相似的实测值趋于分散分布。具体公式如下：

$$Z = \frac{I - E(I)}{\sqrt{V(I)}} \qquad (3-32)$$

其中，$E(I)$ 为莫兰指数的期望值，$V(I)$ 为标准差。

$$E(I) = -\frac{1}{(n-1)} \qquad (3-33)$$

$$V(I) = E(I^2) - E(I)^2 \qquad (3-34)$$

　　式（3 - 32）中，Z 表示得分标准差的倍数；$E(I)$ 表示交通运输部门二氧化碳排放量的加权平均值；$V(I)$ 表示交通运输行业二氧化碳排放强度的方差；N 代表国家的总数。

　　在全局空间自相关的基础上，为了克服无法观察到聚类相似区域具体位置的局限性，采用局部莫兰指数来定义空间自相关特征的具体位置。此外，利用该指数得到了沿线国家交通运输二氧化碳排放强度水平的聚集区图（Hammond et al.，2012；Wang et al.，2013）。本质上，局部空间自相关是将莫兰指数分解为区域单位，从而绘制散点图来可视化特定国家的空间分布特征。局部莫兰指数表示如下：

$$\text{Local Moran's } I_i = Z'_i \sum_{j=1}^{n} W_{ij} Z'_j \qquad (3-35)$$

其中 Z'_i 和 Z'_j 是国家 i 和 j 的标准化观测值，W_{ij} 是空间权重矩阵。当 $I_i > 0$ 时，表明 i 国与周边国家的二氧化碳排放强度差异不大；当 $I_i < 0$ 时，说明 i 国的二氧化碳排放强度与周边国家存在显著差异。

3. 交通运输二氧化碳排放强度

本书主要调查了51个沿线国家交通运输部门的二氧化碳排放强度。二氧化碳排放强度是指GDP增长产生的二氧化碳排放水平。这个指标主要用来衡量一个国家的经济与二氧化碳排放之间的关系。如果一个国家在经济增长的同时,单位国内生产总值二氧化碳排放量在下降,这意味着这个国家已经开启了低碳发展模式。本书中的交通运输二氧化碳排放强度是指交通运输行业单位总价值增长所产生的二氧化碳排放。交通运输部门二氧化碳排放强度表示如下:

$$Q_i = \frac{C_i}{Y_i} \tag{3-36}$$

其中,C_i代表i国交通运输二氧化碳排放水平,Y_i代表i国交通产业产值水平,Q_i代表i国交通运输二氧化碳排放强度。

4. 数据和描述性统计

根据"一带一路"门户网站获得的双边"一带一路"贸易协定,截至2019年10月底,中国已与137个国家达成共建"一带一路"的积极共识。沿线国家主要集中在北非和欧亚大陆。由于权威数据更新至2014年,本书选取了2000~2014年的51个"一带一路"沿线国家。二氧化碳总排放水平的数据,交通运输二氧化碳排放所占比例和交通运输业总价值均来自世界银行。为了减少异方差的影响,本书对数据进行对数处理。增值服务行业数据用于替代增值交通运输行业数据。此外,交通运输业的增值数据在2010年基准期被视为一个不变价格,排除了价格因素的影响(Fotheringham et al.,1989)。然后,结合数据的可用性和该地区国家的地理位置,本书将目标国家分成7组,如表3-24所示。

表3-24　　　　　　　"一带一路"沿线国家分组

地区	国家代码
蒙古国和俄罗斯	MNG　RUS
中亚	KAZ　KGZ　TJK　TKM　UZB
西亚和北非	ARE　ISR　SAU　OMN　TUR　LBN　AZE　IRQ　IRN　JOR　GEO　EGY　YEM

续表

地区	国家代码
中东部	SVN　EST　CZE　SVK　LTU　LVA　POL　CRO　ROU　BLR　BGR　MKD　ALB　UKR
东南亚	SGP　BRN　MYS　THA　IDN　PHL　VNM　LAO　MMR　KHM
南亚	MDV　LKA　BTN　IND　PAK　BGD
东亚	CHN

注：MNG：蒙古国；RUS：俄罗斯；KAZ：哈萨克斯坦；KGZ：吉尔吉斯斯坦；TJK：塔吉克斯坦；TKM：土库曼斯坦；UZB：乌兹别克斯坦；ARE：阿拉伯联合酋长国；ISR：以色列；SAU：沙特阿拉伯；OMN：阿曼；TUR：土耳其；LBN：黎巴嫩；AZE：阿塞拜疆；IRQ：伊拉克；IRN：伊朗；JOR：约旦；GEO：格鲁吉亚；EGY：埃及；YEM：也门；SVN：斯洛文尼亚；EST：爱沙尼亚；CZE：捷克；SVK：斯洛伐克；LTU：立陶宛；LVA：拉脱维亚；POL：波兰；CRO：克罗地亚；ROU：罗马尼亚；BLR：白俄罗斯；BGR：保加利亚；MKD：马其顿；ALB：阿尔巴尼亚；UKR：乌克兰；SGP：新加坡；BRN：文莱达鲁萨兰国；MYS：马来西亚；THA：泰国；IDN：印度尼西亚；PHL：菲律宾；VNM：越南；LAO：老挝人民民主共和国；MMR：缅甸；KHM：柬埔寨王国；MDV：马尔代夫；LKA：斯里兰卡；BTN：不丹；IND：印度；PAK：巴基斯坦；BGD：孟加拉国；CHN：中国。

3.4.3 "一带一路"沿线国家交通运输碳排放脱钩分析

过去百年间，伴随全球工业化进程全面铺开，化石燃料消耗量增加，温室气体排放量放大，造成了以全球气候变暖等为标志的环境灾难。面对气候变暖的挑战，国际社会达成《京都议定书》约束温室气体排放。党的十八届三中全会提出，坚持经济低碳清洁发展，减缓气候变化对经济与社会的巨大影响，因此提高适应气候变化的能力就成为中国可持续发展的一个重要命题（曹广喜等，2015）。人类的经济增长与物质消耗之间的关系处于典型的"负脱钩"状态，即二者关系非常紧密。尤其是20世纪后半叶以来，人类经济增长极大地依赖于物质消耗，因而导致很多不可再生的能源面临极度紧缺，同时高污染物排放严重破坏了自然生态环境（王欢芳和胡振华，2012）。

脱钩（decoupling）理论是经济合作与发展组织提出的形容阻断经济增长与资源消耗或环境污染之间联系的基本理论，20世纪末，OECD将脱钩概念引入农业政策研究，并逐步拓展到环境等领域。以"脱钩"这一术语表示二者关系的阻断，即使得经济增长与资源消耗或环境污染脱钩，实现二者脱钩发展。根据环境库兹涅茨曲线（EKC）假说，经济的增长一般带来环境压力和资源消耗的增大，但当采取一些有效的政策和新的技术时，可能会以较低的环境压力和资源消耗换来同样甚至更加快速的经济增长，这个过程被称为脱钩。脱钩可以进一步划分为弱脱钩、强脱钩和衰退性脱钩；负脱钩划分为扩张性负脱钩、强负脱钩、弱负脱钩。其中强脱钩是实现经济低碳化发展的最理想态；相应地强负脱钩为最不利状态。当经济总量保持持续增长（$\Delta GDP > 0$）时，能源碳排放的 GDP 弹性越小，脱钩越显著，即脱钩程度越高（彭佳雯等，2011）。

"一带一路"沿线国家数量众多，截至 2019 年 10 月，中国已与 137 个国家就共建"一带一路"达成积极的共识[①]。"一带一路"沿线国家主要分布在亚欧大陆和北非，其中大部分是发展中国家，面临着产业升级的压力和进一步提升国际贸易能力的强烈愿望。"一带一路"已发展成为世界经济活动的重要焦点，社会经济交流极大地增加了交通运输需求，使该途径成为二氧化碳排放的重要来源。因此，尽管"一带一路"对全球经济的贡献不容忽视（Zhang et al.，2017；Han et al.，2018），但预计全球交通运输二氧化碳排放量在 2030 年将达到 9.3 亿吨，比 2007 年增长 41%（Fan et al.，2018）。鉴于这些发展，必须采取更多基于交通运输部门的措施以减少二氧化碳排放。

降低交通运输二氧化碳排放水平是绿色可持续发展的必要条件之一。作为"一带一路"的重要组成部分，高度互联的交通基础设施在该地区许多国家发挥了重要的发展作用。交通运输部门的二氧化碳排放量与沿线经济发展有何关系？哪些功能需要我们注意？可以根据这些特点制定哪些政策加以选择？鉴于经济发展与交通运输密切相关，一些学者试图更好地理解经济增长与交通运输领域二氧化碳排放之间的关系（Zhu et al.，2020；Guo et al.，2019；Li et al.，2017；Wang et al.，2017）。加快减少交通运输排放，取决于各国交通运输部门根据二氧化碳排放强度和自身经济发展水平制定二氧化碳减排政策（Zhu et al.，2020；Guo et al.，2019；Li et al.，2017；Wang et al.，2017）。因此，明确经济增长与二氧化碳排放的脱钩分

---

① 资料来源：中国一带一路网。

析,可以为"一带一路"沿线各国制定有效减排政策提供良好的参考。

本书选取 2000～2014 年"一带一路"沿线 51 个国家的面板数据。首先,泰尔模型用于识别和分析"一带一路"沿线国家交通运输部门二氧化碳排放强度趋势;Tapio 脱钩模型用于从整体和区域背景下更好地了解"一带一路"沿线国家二氧化碳排放与交通运输业增长之间的关系。此外,利用 ArcGIS,可视化交通运输部门二氧化碳排放强度的重要演变区域,并制定相关政策建议。

1. 交通运输业二氧化碳排放强度模型

本书分析了 51 个"一带一路"沿线国家交通运输行业的二氧化碳排放强度。二氧化碳排放强度主要用来衡量一个国家的二氧化碳排放量与经济的关系。如果一个国家的单位 GDP 二氧化碳排放量在经济增长的同时没有减少,这意味着这个国家的低碳发展模式是不成功的。本书中,交通运输的二氧化碳排放强度表示为:

$$Q_i = \frac{C_i}{Y_i} \qquad (3-37)$$

式(3-37)中 Q_i 为 i 国交通运输二氧化碳排放强度,C_i 为 i 国交通运输二氧化碳排放水平,Y_i 是指国家交通运输业总产值水平。

2. 泰尔指数模型

利用泰尔模型探讨了"一带一路"沿线国家交通运输业的二氧化碳排放特征。泰尔命名为对数平均偏差(GE_0)和 Theil 指数(GE_1)的概念最早是在 1967 年,当时亨利·泰尔(Henri Theil)使用信息理论的熵概念来计算收入均衡(Tapio,2005)。它们也是研究区域差异最常用的两个指标。在本研究中,它们被用来描述不同国家二氧化碳排放强度的差异(CV_t)。对数均值偏差对低值数据比较敏感,而 Theil 模型对高值数据比较敏感。GE_0 和 GE_1 越大,CV_t 越大。这三个指标用来衡量国家间交通运输部门二氧化碳排放强度的差异如下:

$$CV_t = \frac{\sqrt{\frac{1}{n} \sum_i (y_i - y)^2}}{y} \qquad (3-38)$$

$$GE_0 = \frac{1}{n}\sum_{i=1}^{n}\ln\frac{y}{y_i} \quad\quad\quad (3-39)$$

$$GE_1 = \frac{1}{n}\sum_{i=1}^{n}\frac{y_i}{y}\ln\frac{y_i}{y} \quad\quad\quad (3-40)$$

CV_t 指二氧化碳排放强度变异系数的国家 i 交通运输，GE_0 是二氧化碳排放强度的对数标准差，GE_1 是二氧化碳排放强度的不平等性的国家 i 交通运输，n 是选定的国家的数量，n=1，2，…，51，y_i 为国家 i 的交通运输二氧化碳排放强度，y 为各国二氧化碳排放强度的平均值。

3. 脱钩指数模型

目前，学术界常用 Tapio 脱钩指数模型和 OECD 脱钩指数模型来分析经济发展与二氧化碳排放之间的关系。然而，OECD 脱钩指数模型对基准年的选择过于敏感，往往难以达到理想的结果（Li et al.，2012；Färe et al.，2007；Zhang et al.，2016；Zhou et al.，2017）。Tapio 脱钩在计算具体问题时不需要选择一个基周期，不受统计维数的影响，其脱钩指标体系更加完整（Wang and Zhang，2020；Tian et al.，2012；Zhang，2016）。因此，本书选择 Tapio 脱钩方法对"一带一路"沿线交通运输二氧化碳排放脱钩问题进行分析。本书采用的脱钩指数模型为：

$$e = \frac{\% CO_2}{\% GDP} = \frac{\Delta CO_2/CO_2^0}{\Delta GDP/GDP^0} = \frac{(CO_2^t - CO_2^0)/CO_2^0}{(GDP^t - GDP^0)/GDP^0} \quad\quad (3-41)$$

e 指弹性脱钩，CO_2^t 代表二氧化碳排放在目标年 t 的总量，GDP^t 代表交通运输行业在目标年 t 的总产值。CO_2^0 代表在基准年 0 的二氧化碳排放总量，GDP^0 代表交通运输行业总产值。ΔCO_2 表示从目标年 t 到基准年 0 的二氧化碳排放总量之差，ΔGDP 表示从目标年 t 到基准年 0 的交通运输业总产值之差。$\% CO_2$ 代表二氧化碳排放总量的增长率，$\% GDP$ 代表交通运输业总产值。

将 Tapio 脱钩模型分为 8 类（见表 3-25）。脱钩状态的解释：（1）扩张负脱钩（e>1.2）表示交通运输业 GDP 和二氧化碳排放量均增加，但后者的增长率高于前者。（2）强负脱钩（e<0）表示交通运输业二氧化碳排放量增加而 GDP 下降，交通运输业处于衰退状态。（3）弱负脱钩（0≤e<0.8）表示交通运输业二氧化碳排放量下降，GDP 下降，但交通

运输业二氧化碳排放量下降的速度慢于 GDP 下降的速度。（4）弱脱钩（$0 \leqslant e < 0.8$）表示交通运输业二氧化碳排放与 GDP 同期增长，且 GDP 增长快于二氧化碳排放。（5）强脱钩（$e < 0$）表示交通运输业 GDP 增长，而二氧化碳排放水平下降。（6）衰退脱钩（$e > 1.2$）意味着交通运输业二氧化碳排放量减少，GDP 也减少，但前者比后者下降得更快。（7）衰退耦合（$0.8 \leqslant e \leqslant 1.2$）是指交通运输业 GDP 和二氧化碳排放量同时下降，即经济衰退，污染同步下降。（8）扩张耦合（$0.8 \leqslant e \leqslant 1.2$）表示交通运输业 GDP 和二氧化碳排放量同时增加，即经济增长，污染同步增长。

表 3 - 25   八个不同的 Tapio 脱钩状态

脱钩状态	脱钩类别	$\% CO_2$	% GDP	e
负脱钩	扩张负脱钩	+	+	$e > 1.2$
	强负脱钩	+	−	$e < 0$
	弱负脱钩	−		$0 \leqslant e < 0.8$
脱钩	弱脱钩	+	+	$0 \leqslant e < 0.8$
	强脱钩	−	+	$e < 0$
	衰退脱钩	−		$e > 1.2$
耦合	衰退耦合	−	−	$0.8 \leqslant e \leqslant 1.2$
	扩张耦合	+	+	$0.8 \leqslant e \leqslant 1.2$

4. 数据与描述性统计

由于权威数据更新截至 2014 年，本书选取了沿线 51 个国家 2000 ~ 2014 年的数据（见表 3 - 26）。根据国际能源署提供的交通运输业二氧化碳排放水平数据和世界银行提供的交通运输业总产值数据，计算二氧化碳排放强度。为了减少异方差的影响，本书对数据进行对数处理，将交通运输业的增值数据作为 2010 年基准期的不变价格，不考虑价格因素的影响（Fotheringham et al. , 1989）。此外，本书使用世界银行提供的增值服务业数据替代增值运输业数据。

表 3 - 26　　　　　　　　　　　"一带一路"沿线国家

地区	国家代码
蒙古国和俄罗斯	RUS MNG
中亚	TJK　KAZ　TKM　KGZ　UZB
西亚和北非	SAU　ARE　OMN　ISR　IRN　LBN　YEM　JOR　AZE　IRQ　GEO EGY　TUR
中东部	CRO　SVN　POL　UKR　ROU　EST　ALB　CZE　MKD　SVK　BGR LTU　BLR　LVA
东南亚	PHL　BGD　IDN　SGP　KHM　BRN　MMR　MYS　LAO　THA　VNM
南亚	IND　MDV　BTN　LKA　PAK
东亚	CHN

注：RUS：俄罗斯；MNG：蒙古国；TJK：塔吉克斯坦；KAZ：哈萨克斯坦；TKM：土库曼斯坦；KGZ：吉尔吉斯斯坦；UZB：乌兹别克斯坦；SAU：沙特阿拉伯；ARE：阿拉伯联合酋长国；OMN：阿曼；ISR：以色列；IRN：伊朗；LBN：黎巴嫩；YEM：也门；JOR：约旦；AZE：阿塞拜疆；IRQ：伊拉克；GEO：格鲁吉亚；EGY：埃及；TUR：土耳其；CRO：克罗地亚；SVN：斯洛文尼亚；POL：波兰；UKR：乌克兰；ROU：罗马尼亚；EST：爱沙尼亚；ALB：阿尔巴尼亚；CZE：捷克；MKD：马其顿；SVK：斯洛伐克；BGR：保加利亚；LTU：立陶宛；BLR：白俄罗斯；LVA：拉脱维亚；PHL：菲律宾；BGD：孟加拉国；IDN：印度尼西亚；SGP：新加坡；KHM：柬埔寨；BRN：文莱达鲁萨兰国；MMR：缅甸；MYS：马来西亚；LAO：老挝；THA：泰国；VNM：越南；IND：印度；MDV：马尔代夫；BTN：不丹；LKA：斯里兰卡；PAK：巴基斯坦；CHN：中国。

根据"一带一路"双边贸易协定，从"一带一路"门户网站获得，结合可用数据和该地区国家的地理位置，本书将目标国家分为七组。此外，在本书的背景下，二氧化碳排放强度被定义为交通运输部门（空运、陆运、海运）的二氧化碳排放强度。这种排放是指所有交通运输部门使用的各种燃料，包括固体燃料、液体燃料和气体燃料的二氧化碳排放的总水平。

3.5　"一带一路"互联互通"交通—经贸"模式创新发展研究

3.5.1　内陆港建设对东北亚地区经贸发展影响

中国是韩国、俄罗斯的第一大贸易伙伴国、进口来源国和出口对象国，是日本的第二大贸易伙伴国、第一进口来源国。据商务部召开的第13

届中国—东北亚博览会新闻发布会数据显示,2020 年中国与东北亚五国贸易额共计约 7177 亿美元,占中国对外贸易总额的近 1/6[①]。截至 2021 年 6 月,我国与东北亚五国贸易额约 4179 亿美元,同比增长 26%;投资合作方面,中国与东北亚国家累计双向投资金额超过 2500 亿美元[②]。中国与域内国家在基础设施、能源制造业、农业领域投资合作成果丰硕,水平不断提升,结构不断优化。随着 RCEP 正式签署,域内贸易投资自由化便利化水平进一步提升,中蒙俄经济走廊建设加快推进,"大图们倡议"合作日益务实。"中—日—韩"泛黄海经济技术交流合作成效明显。有关国家在 G20、上海合作组织等多边框架下积极互动,为推动开放型世界经济发挥了重要作用。

东北亚经济圈位于"一带一路"东段区域,其成员方都是"一带一路"建设的重要国际合作伙伴,是全球经济中举足轻重、发展最快的区域之一。东北亚区域的 GDP 之和占到世界经济总量的 1/5,中日韩三国的 GDP 之和占亚洲 GDP 总量的 73%(Wang et al.,2020),虽然曾经受到亚洲金融危机的影响,但是东北亚至今仍然是全球最具发展潜力的区域。近年来,随着经济全球化进程的加快,以地缘关系为基础的区域性经济合作日趋加强,东北亚地区在亚洲乃至全球经济发展中的地位和作用也将越来越重要。党的十九大报告指出,新时代中国要以"一带一路"建设为重点,加强创新能力开放合作,形成陆海内外联动、东西双向互济的开放格局;2020 年习近平总书记进一步提出,要充分发挥中国超大规模市场优势和内需潜力,逐步形成以国内大循环为主体、国内国际双循环相互促进的新发展格局[③]。内陆地区是中国深度推进"一带一路"建设的重要阵地,是在新形势新格局下培育中国参与国际合作竞争新优势的主要策源地。新时期如何打造内陆改革开放新高地、创新内陆经济发展新模式,已成为当前中国政府和学界关注的焦点。

在众多因素中,交通物流基础设施建设对增进国家间的经贸合作起着

---

①② 商务部举行第 13 届中国—东北亚博览会新闻发布会 [EB/OL]. 国务院新闻办公室网站,2021 - 07 - 30.

③ 卓尚进. 观点 | 充分发挥我国超大规模市场优势和内需潜力![N]. 金融时报,2020 - 02 - 27.

关键作用，高效的物流运作可使企业降低运输成本，为国际经贸往来营造活跃氛围。其中，内陆港建设对区域经济发展的促进作用显著。内陆港通常被称为无水港、陆港或国际陆港，是在内陆地区依托铁路、公路、机场等重要交通枢纽依照有关国际法规、条约和惯例设立的对外开放港口，是沿海港口、陆路边境口岸在内陆经济中心城市的支线港口、海关监管窗口和现代物流操作平台。根据联合国贸易和发展会议的定义，内陆港是指进出口货物可由海关托运并可指定为过境货物的原产地和目的地的特定地点。伴随"一带一路"、西部陆海新通道和自由贸易试验区在内陆地区主要城市的加快建设，沿海港口、陆路边境口岸与不临海、不靠边城市之间的经济联系日益密切，资源共享、货物直通、通关互认、互利共赢的需求日趋迫切，一大批内陆港将在各级政府的积极推动下孕育而生，进而推动区域经济和外贸经济的快速发展。基于此，本书将重点探索内陆港建设与外贸经济的关系，论述中国内陆港建设对东北亚地区经贸发展的影响。

1. 设定模型与变量解释

"引力模型"是利用牛顿物理学中的引力概念，揭示了贸易流量的决定因素，例如：GDP、人均 GDP 和地理距离等对两国双边贸易的影响。因此，"引力模型"被广泛应用在分析双边贸易发展研究中，其理论基础也随着研究的逐步深入得到不断完善。廷伯根（Tinbergen，1962）利用引力模型对国际双边贸易发展影响因素进行了实证研究，后来得到学者们的相继验证（Anderson，1979；Eaton et al.，2002；Helpman et al.，2008），并将贸易引力模型研究进行了一定程度的扩展，极大程度完善了传统贸易引力模型中的缺陷和不足。

本书通过增加内陆港及物流基础设施的相关变量对传统的贸易引力模型进行扩展，主要探讨中国内陆港建设对东北亚区域内经贸发展的影响关系，并分别对中国与俄罗斯、韩国、日本的双边经贸发展潜力进行了估算。通过选取中俄、中日、中韩的双边进出口贸易额（Exim）、俄罗斯、日本、韩国的国内生产总值（GDP）、中国内陆港数量（IP）、中国铁路营运里程数（RL）等作为关键因素，用来探讨无贸易摩擦状态下，中国与域内主要国家之间的贸易引力水平。一般而言，作为地处内陆腹地的物流基础设施，其通达性是促进经贸发展的一个重要指标。尤其是内陆港，其与道路运输、铁路运输的有效衔接，对域内经贸往来影响明显。而相比于运输链条末端主要起集散功能的道路运输，铁路运输具有运量大、成本低的优势，在陆路干线运输方面占据主导的地位。因此，本模型中选取内陆港和铁路运营里程作为中国物流基础设施的主要变量。基于以上关键因素，构建中国和同处于东北亚经济圈的俄罗斯、日本、韩国之间的双边贸易引力模型，如下所示：

中俄：　$\ln \text{Exim}_{cr} = \beta_0 + \beta_1 \ln \text{GDP}_{rt} + \beta_2 \ln \text{RL}_{ct} + \beta_3 \ln \text{IP}_{ct}$　　(3-42)

中日：　$\ln \text{Exim}_{cj} = \beta_0 + \beta_1 \ln \text{GDP}_{jt} + \beta_2 \ln \text{RL}_{ct} + \beta_3 \ln \text{IP}_{ct}$　　(3-43)

中韩：　$\ln \text{Exim}_{ck} = \beta_0 + \beta_1 \ln \text{GDP}_{kt} + \beta_2 \ln \text{RL}_{ct} + \beta_3 \ln \text{IP}_{ct}$　　(3-44)

其中，c 指的是中国，r 指的是俄罗斯，j 指的是日本，k 指的是韩国，β_0是常数项，β_1、β_2、β_3指的是各变量的参数，t 指的是研究期间（2000 ~ 2018 年）。模型中各因素变量解释及数据来源如表 3-27 所示。

表 3-27　　　　　　　　　　贸易引力模型相关变量描述

变量	含义	单位	数据来源
Exim_{rjkt}	第 t 年中国与各国家间的进出口贸易额	百万美元	UNComtrade
GDP_{rjkt}	第 t 年各国的国内生产总值	百万美元	World Bank
RL_{ct}	第 t 年中国的铁路营运里程数	万公里	中国统计年鉴
IP_{it}	第 t 年中国内陆港数量	个	中国港口网

2. 样本数据描述性统计

本书选取 2000 ~ 2018 年期间联合国商品贸易统计数据库（UN Comtrade）的数据对中俄、中日、中韩的双边进出口贸易额进行统计梳理；各国的国内生产总值数据（GDP）则从世界银行获得；中国的铁路运营里程数和内陆港数量分别以《中国统计年鉴》和中国港口网站的数据为准。

3. 回归分析

首先，根据贸易引力模型所需的指标，利用 SPSS21.0 对模型进行检验，确定各指标变量对进出口贸易额的影响程度，俄罗斯样本的 R 方检验为 0.994，F 的 p 值小于 0.05；日本样本的 R 方检验为 0.954，F 的 p 值小于 0.05；韩国样本的 R 方检验为 0.984，F 的 p 值小于 0.05。经检验，俄罗斯、日本、韩国三国的样本数据回归拟合优度高，检验结果均具有显著性，适合做进一步分析。

其次，本书使用 EViews6.0 进行回归性分析，以确定中国内陆港建设与各国的双边进出口贸易之间的影响关系，经分析得到最终的回归结果如表 3-28 所示。研究发现，在 2000~2018 年期间，日本、韩国两国样本与中国内陆港数量之间的 t 检验 p 值均小于 0.05，俄罗斯样本与内陆港数量之间的 t 检验 p 值小于 0.1。这一结果说明，中国的内陆港建设分别对中日、中韩的双边进出口贸易具有显著的促进作用，对中俄双边进出口贸易呈现较为显著的影响水平。

表 3-28　　　　　　　　　　引力模型最终回归结果

国家	方程及 t 检验	F	DW	R^2
俄罗斯	$\ln Exim = -22.143 + 1.003\ln GDP + 1.802\ln RL - 0.121\ln IP$ $(-4.701^{***})\ (25.791^{***})\ (4.501^{***})\ (-1.892^{*})$	784.016	1.811	0.994
日本	$\ln Exim = -38.490 + 1.490\ln GDP + 2.145\ln RL - 0.326\ln IP$ $(-4.593^{***})\ (10.986^{***})\ (3.491^{***})\ (-3.242^{**})$	103.994	1.281	0.954
韩国	$\ln Exim = -37.138 + 1.402\ln GDP + 2.265\ln RL - 0.295\ln IP$ $(-5.432^{***})\ (16.345^{***})\ (3.990^{***})\ (-3.244^{**})$	311.376	1.192	0.984

注："*"、"**"、"***"分别表示通过 10%、5%、1%的显著性检验。

根据贸易引力模型最终回归结果，本书可以得出经济规模的不断增长对东北亚经济圈内各国间的贸易往来产生较大的促进作用。同时，依据引力模型的最终回归结果，本书对东北亚域内的中俄、中日、中韩之间的贸易量进行了预测。为了探讨中国与东北亚经济圈各国间的贸易发展潜力，本书采用模型预测平均值 T′ 与实际贸易额平均值 T 的比值 T′/T，该值越大说明两国之间的贸易潜力越大，反之则越小。通过计算所得东北亚经济圈各国间的经贸发展潜力结果如表 3-29 所示。

表 3-29　　　　　　　中国与东北亚各国的经贸发展潜力分析

贸易潜力值	中俄	中韩	中日
	1.005	1.003	1.004

研究发现，中国与俄罗斯、日本、韩国之间的经贸发展潜力预测值均略大于实际值。这说明中国与俄罗斯、韩国、日本三个国家的经贸发展潜力还没有得到充分的释放，还有很大的发展空间，应该继续发掘可以促进域内各国双边进出口贸易发展的积极因素。

3.5.2　中国内陆港建设对中韩双边贸易的影响研究

本书探讨中国内陆港建设发展对促进中韩双边贸易的影响。自1992年两国建交以来，双边贸易流量显著增加。从韩国的角度来看，中国是其最大的出口市场，出口额从1992年的26.54亿美元增加到2018年的162.25亿美元，对中国的出口份额从3.5%增加到同年的26.8%（见图3-8），同期韩国从中国的进口额也从32.75亿美元（占比4.6%）增加到1064.89亿美元（占比26.8%）。

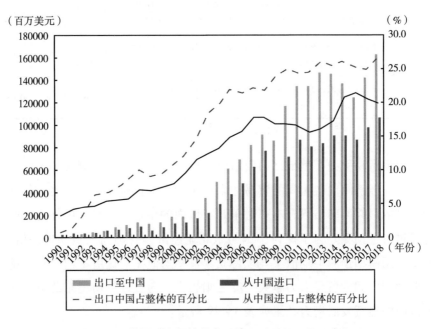

图3-8　韩国对中国的进出口情况（1990～2018年）

本书特别关注内陆港口建设在促进中韩经济关系中的作用。根据联合国贸发会议（2011）的定义，内陆港口是"进出口货物可由海关托运并可指定为过境货物的原产地和目的地的特定地点"。尽管内陆港口的概念并不新鲜（Roso and Lumsden，2009），但自 2013 年"一带一路"倡议以来，"一带一路"正发展成当今最具有发展潜力的经济大走廊；"一带一路"倡议是协调中国与周边国家的长期国家战略，突出跨境和多边合作，为中国内陆地区提供新的开放机遇。近年来中国内陆港口的发展越来越受到关注。2018 年，"长安号"国际货运班列共开行 1235 列，是 2017 年全年开行量的 6.37 倍；运送货物 120.2 万吨，是 2017 年全年的 5.18 倍①。实载开行量、重载率以及货运量已在全国领先。部分韩国的物流企业正尝试将本国货物通过 TCR 中欧班列运至欧洲的丝绸之路多式联运新模式；亚萨努尔·卡伊奇（Yasanur Kayikci，2010）认为，物流产业的集聚可以加强不同物流运输方式的转化效率，即通过提高多式运输的联动性，进而促进经济社会的稳定发展。可见，内陆港建设作为国家物流战略的主要支柱之一，是实现海港与内陆地区物流一体化的催化剂。

本书采用引力模型对中国 30 多个省、自治区、市与韩国直接的贸易流量进行了估算。贸易流量是双边进出口的总和。自变量分为两组。第一组包括引力模型的基线变量：中国 30 多个省份的生产总值（GRP）、韩国 GDP、中国各省份城市与韩国首都首尔之间的地理距离，以及韩国对中国各地区的 FDI 流入。第二组包括反映中国地区物流基础设施发展的变量：内陆港口的建立、政府在运输基础设施方面的支出、公路里程、铁路里程、卡车数量和从事物流业的劳动力规模。因此，本书建立的重力模型如下：

$$\ln \text{Exim}_{ckt} = \ln \text{KGDP}_t + \ln \text{GRP}_{ct} + \ln \text{Dis}_{sc} + \ln \text{FDI}_{kct} + \text{IP} + \ln \text{Exp}_{ct}$$
$$+ \ln \text{Road}_{ct} + \ln \text{Rail}_{ct} + \ln \text{Truck}_{ct} + \ln \text{Worker}_{ct} + \varepsilon_t$$

$$(3-45)$$

其中，"进出口贸易（Exim）"指的是 t 年中国各省（c）与韩国（k）之间的进出口总额；"KGDP"是指韩国在 t 年的国内生产总值；"GRP"是中国地区在 t 年的地区生产总值；"Dis"指的是中国首都（c）和首尔

---

① 2018 年"长安号"开行 1235 列 是 2017 年全年的 6.37 倍 [EB/OL]. 中国新闻网，2019 – 01 – 05.

(s) 之间的地理距离;"FDI"是指韩国(k)在 t 年对中国各地区(c)的外国直接投资额;IP 是一个虚拟变量,在中国地区建立内陆港口时取一,否则取零;"Exp"ct 是在 t 年,中国各地区在交通基础设施方面的政府支出金额;"Road"是指中国地区在 t 年的道路长度;"Rail"是指中国某一地区在 t 年的铁路长度;"Truck"是指一个中国地区在 t 年的货运卡车数量;"Worker"是指在 t 年,中国某一地区的物流从业人数;ε_t 为常数。

　　而用于分析物流基础设施发展对中韩双边贸易流影响的数据集来自不同来源。中国和韩国之间的进出口数据来自韩国国际贸易协会的贸易统计服务 K – stat。韩国的 GDP 和 FDI 分别来自世界银行和韩国进出口银行。中国各省份的地区生产总值和物流基础设施发展统计数据来自中国国家统计局。

第4章

"一带一路"互联互通的亚欧物流通道脆弱性测度分析

4.1 物流枢纽建设对区域经济发展测度分析

4.1.1 中国物流基础设施与经济增长关系的实证分析

基于前一章的分析可以看出,我国物流基础设施与经济发展密切相关,物流基础设施带动了经济发展。无论是国际贸易还是中国经济的收入,物流基础设施指标都是我国经济增长的格兰杰原因。然而,在某些情况下,因果关系是双向的,物流基础设施改善的经济影响根据运输方式的不同而不同。

实证结果可以归纳为:第一,我国物流基础设施与经济发展之间存在长期均衡关系。第二,物流基础设施是中国经济发展的 Granger 原因。第二,海上运输基础设施在促进国际贸易和促进中国经济增长方面发挥着关键作用。

尽管本书的研究结果已具备完备性,但仍存在一些有待进一步研究的空间。首先,本书未能提供中国航空运输基础设施与经济增长之间关系的重要证据。由于高价值和轻量产品(如半导体和信息技术设备)大多通过空运,随着中国经济结构在未来几十年向高科技产业转型,航空运输基础设施与中国经济增长之间可能存在领先滞后关系。其次,物流相关指标可以更好地代表物流基础设施。近年来，世界银行发布的物流绩效指数（LPI）和联合国贸易和发展会议发布的班轮运输互联度指数（LSCI）被广泛引用为物流基础设施的基准。但由于数据的有限性，本书未采用这两种测量方法，因此，如果在更长的时间内对 LPI 或 LSCI 的观测越多，未来的研究将会提供更有价值的启示。

4.1.2　交通基础设施下旅游业与区域经济联动发展实证分析

经济增长是指一个国家生产商品和劳务能力的扩大，旅游经济作为我国经济发展的一个新增长极，旅游业通过吸引外资、增加就业、促进消费等，直接或间接地带动了区域经济增长。旅游业的发展与交通建设联系密切，完善的交通网络布局通过扩大游客出行半径，打破了空间壁垒限制，进一步促进旅游带动区域经济增长。为进一步探讨如何利用交旅融合新理念推动关中城市群经济的发展，根据上述门槛效应检验，本书采用单一门槛效应以交通基础设施固定投资为门槛变量，采用双门槛效应以公路密度为门槛变量，利用个体固定效应模型 within 估计，得到如表 4 - 1 所示的回归结果。

表 4 - 1　　　　　　　　　门槛模型回归结果

门槛变量	模型（2）		变量	模型（3）	
	估计系数	P 统计量		估计系数	P 统计量
lnTraff≤2.8373	0.343	0	road≤91.9	0.310	0
lnTraff≥2.8373	0.281	0	91.9≤road≤151.49	0.280	0
—	—	—	151.49≤road	0.324	0
其他控制变量	控制		其他控制变量	控制	
个体 & 时间固定	控制		个体 & 时间固定	控制	
样本量	130		样本量	130	
R^2	0.945		R^2	0.956	

根据回归结果及统计数据可得出以下两个结论：（1）从整体上看，以关中城市群交通基础设施固定投资为门槛变量，在交通基础设施不断完善的情况下，关中城市群的旅游产业对区域经济的影响呈"扇贝弧形"。具体而言，当交通基础设施固定投资水平低于门槛值 2.8373 时，旅游业对区域经济的影响系数为 0.343，当高于门槛值时旅游业对区域经济的影响系

数减小为0.281。根据统计数据来看，截至2019年，关中城市群共11个城市交通基础设施固定投资水平均超过了门槛值2.8373，说明关中城市群交通基础设施的建设得以完善，旅游对区域经济发展的正向促进作用减缓。此时交通基础设施的过分建设可能会破坏旅游资源，导致资源配置不合理等问题。(2)以公路密度作为门槛变量发现旅游产业对区域经济的影响存在正向非线性的双门槛效应。具体而言，当地区的公路密度小于门槛值91.9时，旅游业对区域经济的影响系数为0.310；当公路密度大于91.9且小于151.49时，影响系数减小为0.280；当公路密度大于门槛值151.49时，公路建设对旅游业影响经济的促进作用又进一步地增强，影响系数增大到0.324。具体到关中城市群的11个城市，截至2019年，庆阳市的公路密度为59.79，远远低于第一门槛值，其余10个城市的公路密度已超过第一门槛值；咸阳市和渭南市的公路密度分别为167.1和159.49，均已达到（超过）第二门槛，而其余的8个城市处于第一门槛值和第二门槛值之间①。

4.1.3 韩国物流基础设施与经济增长的脉冲响应分析

本书检验了经济增长指标与物流基础设施发展的脉冲响应的变量对统计具有显著的因果关系。脉冲响应分析描述了经济增长指标对物流基础设施变量的冲击（通常为一个标准差）的反应的演变。表4-2为脉冲响应分析结果，图4-1为图形描述。脉冲响应分析的一个显著结果是，物流基础设施发展对经济增长的积极影响实现的时期因经济增长指标的不同而不同。具体来说，国家GDP和人均GDP，在一般情况下，对物流基础设施发展的一个标准偏差冲击会立即做出反应（见表4-2中的时期4、5、8和9）。正面影响在几年内逐渐衰减。与此形成鲜明对比的是，韩国的国际贸易需要几年时间才能实现经济增长和基础设施发展之间的积极联系（见表4-2中的时期1、2和3）。这一观察结果的含义是双重的。第一，发展物流基础设施在短期内具有经济刺激作用。众所周知，基础设施建设通过吸引投资和就业来促进地区经济。在本书中，与收入相关的指标（国家

---

① 资料来源：中华人民共和国交通运输部网站。

GDP 和人均 GDP）对物流基础设施发展的直接反应也可以用类似的思路来解释。第二，物流基础设施的发展虽然会直接影响到国内生产总值（GDP）的增长，但对韩国经济的主要支柱——国际贸易产生的经济影响需要相当长的时间，因此应该把它作为长期战略来实施。

表 4 - 2　　　　　　　　　　　脉冲响应分析结果

时期	飞机出发/到达	船舶出发/到达		等级公路			基础设施		
	出口	进出口	进口	国内生产总值	人均国内生产总值	国内生产总值	人均国内生产总值	国内生产总值	人均国内生产总值
1	− 0.0252	− 0.0218	− 0.0118	0.0161	0.0167	− 0.0029	− 0.0043	0.0049	0.0049
2	− 0.0738	0.0076	− 0.0016	0.0046	0.0033	− 0.0020	0.0016	0.0073	0.0084
3	− 0.0569	0.0319	0.0341	0.0021	0.0029	0.0102	0.0097	− 0.0006	0.0005
4	0.0341	0.0244	0.0268	0.0051	0.0070	0.0062	0.0061	− 0.0010	− 0.0014
5	0.0265	0.0119	0.0026	− 0.0021	− 0.0019	− 0.0039	− 0.0037	0.0000	0.0008
6	0.0429	0.0865	0.1052	0.0094	0.0089	0.0026	0.0031	0.0127	0.0119
7	− 0.0649	0.0343	0.0415	0.0066	0.0073	0.0023	0.0014	− 0.0016	− 0.0005
8	0.0222	0.0001	− 0.0145	0.0011	0.0009	0.0010	0.0015	0.0039	0.0045
9	− 0.0541	0.0256	0.0135	0.0003	0.0005	0.0038	0.0029	− 0.0003	0.0007
10	− 0.0172	0.0272	0.0211	0.0021	0.0023	− 0.0001	− 0.0001	0.0012	0.0013

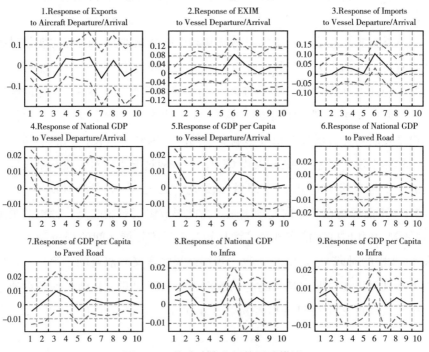

图 4 - 1　脉冲响应分析的图形描述

4.2 内陆物流枢纽建设风险测度

本书对各因素对应的评价指标隶属度进行了计算。通过各因素对于两级的不同级别评价指标构成的评价体系,分步进行综合评估,进行一级评价指标隶属度的计算后,进行二级评估指标隶属度计算,得出西安市物流经济国际化风险程度评估如表4-3所示。

表4-3 物流经济国际化风险评估

评估矩阵 R_0					
指标	低风险	较低风险	一般风险	较高风险	高风险
A - 物理网络风险	0	2	2	3	4
B - 业务网络风险	0	0	2	4	5
C - 管理网络风险	0	1	2	4	4
D - 环境网络风险	0	1	1	5	4
物理网络风险评估矩阵 R_1					
指标	低风险	较低风险	一般风险	较高风险	高风险
A_1 - 场站设施	0	1	2	4	4
A_2 - 载运工具	0	3	2	3	3
A_3 - 线路能力	1	1	2	3	3
A_4 - 设备设施	0	1	2	5	3
业务网络风险评估矩阵 R_2					
指标	低风险	较低风险	一般风险	较高风险	高风险
B_1 - 主体责任	0	1	3	3	4
B_2 - 人事管理	0	0	3	4	4
B_3 - 人员能力	1	1	2	4	3
管理网络风险评估矩阵 R_3					
指标	低风险	较低风险	一般风险	较高风险	高风险
C_1 - 信息沟通	0	2	2	3	4
C_2 - 运输选择	1	2	1	4	3
C_3 - 多方协作	0	1	1	5	4

指标	低风险	较低风险	一般风险	较高风险	高风险
环境网络风险评估矩阵 R_4					
D_1 – 自然	0	1	2	3	5
D_2 – 市场	0	1	1	4	5
D_3 – 政治	0	0	2	5	4

结合层次分析法和模糊综合评价模型构建西安物流经济国际化风险程度模糊综合评价判断矩阵表示如下:

$$R_0 = \begin{bmatrix} 0 & 2 & 2 & 3 & 4 \\ 0 & 0 & 2 & 4 & 5 \\ 0 & 1 & 2 & 4 & 4 \\ 0 & 1 & 1 & 5 & 4 \end{bmatrix} \quad R_1 = \begin{bmatrix} 0 & 1 & 2 & 4 & 4 \\ 0 & 3 & 2 & 3 & 3 \\ 1 & 1 & 2 & 3 & 3 \\ 0 & 1 & 2 & 5 & 3 \end{bmatrix}$$

$$R_2 = \begin{bmatrix} 0 & 1 & 3 & 3 & 4 \\ 0 & 0 & 3 & 4 & 4 \\ 1 & 1 & 2 & 4 & 3 \end{bmatrix} \quad R_3 = \begin{bmatrix} 0 & 2 & 2 & 3 & 4 \\ 1 & 2 & 1 & 4 & 3 \\ 0 & 1 & 1 & 5 & 4 \end{bmatrix}$$

$$R_4 = \begin{bmatrix} 0 & 1 & 2 & 3 & 5 \\ 0 & 1 & 1 & 4 & 5 \\ 0 & 0 & 2 & 5 & 4 \end{bmatrix} \quad (4-1)$$

通过对上述矩阵使用熵权法进行归一化处理,将数据集映射至 $0 \sim 1$,可得到相应的评价指标结果矩阵:

$$R_0 = \begin{bmatrix} 0 & 0.1818 & 0.1818 & 0.2727 & 0.3636 \\ 0 & 0 & 0.1818 & 0.3636 & 0.4545 \\ 0 & 0.0909 & 0.1818 & 0.3636 & 0.3636 \\ 0 & 0.0909 & 0.0909 & 0.4545 & 0.3636 \end{bmatrix}$$

$$R_1 = \begin{bmatrix} 0 & 0.0909 & 0.1818 & 0.3636 & 0.3636 \\ 0 & 0.2727 & 0.1818 & 0.2727 & 0.2727 \\ 0.0909 & 0.0909 & 0.1818 & 0.2727 & 0.2727 \\ 0 & 0.0909 & 0.1818 & 0.4545 & 0.2727 \end{bmatrix}$$

$$R_2 = \begin{bmatrix} 0 & 0.0909 & 0.2727 & 0.2727 & 0.3636 \\ 0 & 0 & 0.2727 & 0.3636 & 0.3636 \\ 0.0909 & 0.0909 & 0.1818 & 0.3636 & 0.2727 \end{bmatrix}$$

$$R_3 = \begin{bmatrix} 0 & 0.1818 & 0.1818 & 0.2727 & 0.3636 \\ 0.0909 & 0.1818 & 0.0909 & 0.3636 & 0.2727 \\ 0 & 0.0909 & 0.0909 & 0.4545 & 0.3636 \end{bmatrix}$$

$$R_4 = \begin{bmatrix} 0 & 0.0909 & 0.1818 & 0.2727 & 0.4545 \\ 0 & 0.0909 & 0.0909 & 0.3636 & 0.4545 \\ 0 & 0 & 0.1818 & 0.4545 & 0.3636 \end{bmatrix} \tag{4-2}$$

式 (4-2) 中：R_0 为专家评估矩阵；R_1 为物理网络风险评估矩阵；R_2 为业务网络风险评估矩阵；R_3 为管理网络风险评估矩阵；R_4 为环境网络风险评估矩阵。

对于 4 个一级指标和 13 个二级指标组成因素，建立评价等级集，一级为 $V = \{v_1, v_2, v_3, v_4\}$，二级为 $V_n = \{v_1, v_2, v_3, \cdots, v_k\}$，得出一级指标如下所示，其中，n 为一级指标因素个数，k 为二级指标因素个数。

$$V = \{v_1, v_2, v_3, v_4\} = \{0.1675, 0.18, 0.3708, 0.2817\} \tag{4-3}$$

二级指标分别为：

$$V_1 = \{v_1, v_2, v_3, v_4\} = \{0.2071, 0.2071, 0.2929, 0.2929\}$$

$$V_2 = \{v_1, v_2, v_3,\} = \{0.2493, 0.1571, 0.5936\}$$

$$V_3 = \{v_1, v_2, v_3,\} = \{0.4423, 0.3874, 0.1692\} \tag{4-4}$$

$$V_4 = \{v_1, v_2, v_3,\} = \{0.5936, 0.2493, 0.1571\}$$

式 (4-4) 中：V 为 4 个一级指标的风险评估等级集合；V_1 为二级指标物理网络风险评估集合；V_2 为二级指标业务网络风险评估集合；V_3 为二级指标管理网络风险评估集合；V_4 为二级指标环境网络风险评估集合。

通过与一级指标层相乘，可以得出模糊综合评价二级指标的评估结果如下所示：

$$P_2 = \begin{bmatrix} V_1R_1 \\ V_2R_2 \\ V_3R_3 \\ V_4R_4 \end{bmatrix}$$

$$= \begin{bmatrix} 0.02662461 & 0.12855078 & 0.1818 & 0.34477461 & 0.29152539 \\ 0.05395824 & 0.07661961 & 0.21874176 & 0.34093863 & 0.30964176 \\ 0.03521466 & 0.16621974 & 0.13100508 & 0.33837525 & 0.32798538 \\ 0 & 0.07661961 & 0.15913863 & 0.32392215 & 0.44021961 \end{bmatrix}$$

$$P_1 = [VR_0] = [0 \quad 0.08976375 \quad 0.15619347 \quad 0.37398078 \quad 0.379962]$$

$$(4-5)$$

按照最大隶属原则,评估结果为:

$$P^* = \max\{P_1, P_2, \cdots, P_n\} \tag{4-6}$$

式(4-6)中:P^* 为各一级指标的风险评估值最大隶属结果;P_1 为第 1 个二级指标的风险评估结果;P_2 为第 2 个二级指标的风险评估结果;P_n 为第 n 个二级指标的风险评估结果。

依据上述计算分析,整理得出各二级指标的风险评估结果如表 4-4 所示。

表 4-4 风险评估结果

指标	评估值
P_1^*	0.3448
P_2^*	0.3409
P_3^*	0.3384
P_4^*	0.4402

使用 1~5 表示风险等级标准 B,其中 1,2,3,4,5 分别代表低风险 B1,较低风险 B2,一般风险 B3,较高风险 B4,高风险 B5。具体标准如表 4-5 所示。

表 4 – 5   物流经济国际化风险等级标准

标准得分	0 ~ 0.2	0.2 ~ 0.4	0.4 ~ 0.6	0.6 ~ 0.8	0.8 ~ 1
风险级别	B_1	B_2	B_3	B_4	B_5

根据表 4 – 5 所列的物流经济国际化网络风险等级标准，物理网络风险、业务网络风险、管理网络风险、环境网络风险 4 个一级指标分别处于较低风险范围（B2）、较低风险范围（B2）、较低风险范围（B2）、一般风险范围（B3）。

4.3　亚欧物流通道运输服务贸易脆弱性测度分析

服务贸易的发展取决于货物贸易的发展和服务业的发展水平，以及各国对服务贸易的限制程度等因素。一方面，随着全球经济的发展，货物贸易仍将长期增长。同时，应该看到，随着科学技术的不断进步，技术因素对国际货物贸易的影响日益明显，国际货物贸易结构逐步趋向高级化。如近年来，高技术产业及高技术含量的产品在国际货物贸易中的比重不断上升，这一变化使得在货物贸易过程中对国际运输服务的要求及服务品质不断提高，油价上涨和劳动力成本的上升会继续推高运输费用，这些变化将会使运输服务贸易保持稳定增长。另一方面，与货物贸易通过关税壁垒实施保护不同，服务贸易保护通常表现为国内法规的限制性规定，如资格资质要求、参股比例限制、经营范围和地域要求等，服务贸易壁垒的隐蔽性使得服务贸易自由化远比货物贸易自由化要复杂，因此，消除服务贸易壁垒的进展十分困难和缓慢。

鉴于此，本书选取 2010 ~ 2019 年亚欧通道沿线 24 个经济体作为研究对象，其中，发达国家组有 21 个样本，发展中国家组有 3 个样本。根据式（3 – 14）展开实证分析，利用 STATA 软件进行回归分析，检验中国内陆港建设对亚欧通道沿线国家国际贸易的影响关系。此外，为分析的更加严谨，将样本国家分为发达国家和发展中国家两组，分别探讨内陆港建设程度对不同经济结构和经济社会发展水平国家之间双边贸易的影响程度。

1. 引入核心变量检验分析

首先，由表 4 - 6 基础回归结果中可以看出，第一列基本回归分析中亚欧通道沿线国家国内生产总值（GDP）、距离（Dis）、对外直接投资（FDI）都通过了显著性检验。国际贸易额与本国 GDP 和 FDI 呈正相关，与两国间的距离呈负相关。说明 GDP 和 FDI 都对国际进出口贸易有正向的影响，可以明显地促进国际贸易的发生；地理距离是进出口贸易的阻碍因素，地理距离较长会导致运输成本增加、运输风险提高。第二列基本回归分析对传统贸易引力模型进行拓展，引入了本书的核心变量：内陆港货物吞吐量（Pop），且基本回归结果显示内陆港货物吞吐量在 1% 的显著水平下显著，说明了内陆港货物的吞吐量对国际进出口贸易有着正向的影响效果。本书用内陆港货物吞吐量作为衡量内陆港发展程度的指标，通过基本回归结果，可以得出内陆港的发展程度对亚欧通道沿线国家国际进出口贸易存在一定的影响关系，并且内陆港发展程度越高对双边进出口贸易的影响越大。为了使结果更严谨，本书将样本国家分为发达国家组和发展中国家组两个群体，分别探讨内陆港建设程度对不同经济结构和经济社会发展水平国家之间进出口贸易的影响程度。

表 4 - 6　　　　　　　　　　回归结果对比分析

变量名称	基础变量回归	加入核心解释变量回归
发达国家组		
lnGDP	0. 850 *** (3. 50)	0. 862 *** (3. 57)
lnDis	- 1. 063 *** (- 16. 38)	- 1. 049 *** (- 15. 75)
lnPop	- 0. 058 (- 0. 23)	- 0. 058 (- 0. 23)
lnFDI	0. 275 *** (3. 39)	0. 255 *** (3. 17)
lnPort	—	0. 520 * (1. 76)

续表

变量名称	基础变量回归	加入核心解释变量回归
Cons	11.931 ***	1.521
	(9.00)	(0.26)
R^2	0.769	0.769
发展中国家组		
lnGDP	1.497 **	0.929 ***
	(2.23)	(3.66)
lnDis	− 7.669 ***	− 7.582 ***
	(− 19.20)	(− 37.19)
lnPop	− 0.549	0.106
	(− 0.72)	(0.36)
lnFDI	− 0.044	0.004
	(− 0.55)	(0.11)
lnPort	—	1.398 ***
		(9.32)
Cons	67.326 ***	38.575 ***
	(15.62)	(11.10)
R^2	0.956	0.991

注：Robust t-statistics in parentheses，*** $p < 0.01$，** $p < 0.05$，* $p < 0.1$

2. 发达国家和发展中国家对比分析

根据表4-6回归结果对比分析可以看出，无论是在发达国家还是在发展中国家，核心解释变量"内陆港的吞吐量"与亚欧通道沿线国家之间的双边进出口贸易呈正相关。由此可以进一步说明，中国的内陆港建设在一定程度上可以促进与亚欧通道沿线国家的双边贸易发展。从分组回归结果中可以看出，内陆港吞吐量这一变量在不同样本组中的回归系数值及显著性有所不同。发展中国家样本组的回归系数值为1.398，且在1%的显著性水平下显著，而发达国家样本组的回归系数值为0.520，在10%的显著性水平下显著，说明中国内陆港的建设程度对亚欧通道沿线发展中国家的影响大于对发达国家的影响。这也进一步验证了桑托斯等（Santos et al.，2017）的学术观点，内陆物流枢纽建设相比于发达国家，其对发展中国家区域经济发展的驱动效应更为显著（Santos et al.，2017）。而经济规模是双边贸易的重要引力来源，国内生产总值越大，其对双边进出口贸易的吸引力也会随之增加，进而促进国际进出口商品贸易发展。从回归结果中可以看出，无论对发达国家还是发展中国家来说，经济规模始终在1%的显著性水平下显著为正，符合理论预期。

此外，中国与亚欧通道沿线国家的地理距离对亚欧通道沿线国家双边进出口贸易的影响为负，这与传统的贸易引力模型分析结果基本一致，说明在国际贸易中，两国间的地理距离仍然会对双边进出口贸易产生很大的阻碍。而中国对亚欧通道沿线各国的直接投资在发达国家组显著正相关，通过了1%的显著性检验，而对于发展中国家组却无统计学意义，说明在发展中国家，FDI用于改善交通运输基础设施的作用尚不明显。而人口数量在亚欧通道各国的国际贸易中均无统计学意义，说明人口规模对于通道沿线各国无论是发达国家还是发展中国家的国际贸易均无显著影响。

4.4 "一带一路"低碳绿色可持续发展脆弱性测度分析

4.4.1　亚欧物流通道交通运输碳排放脱钩分析

1. 交通运输部门的二氧化碳排放量

（1）交通运输二氧化碳排放分析。

图4-2显示了2001~2014年发达国家和发展中国家的交通运输二氧化碳排放趋势。2010~2014年，发达国家交通运输二氧化碳排放水平低于发展中国家。在此期间，发达国家交通运输二氧化碳排放水平从2001年的114382万吨小幅下降至2014年的106856万吨。2008~2009年，发展中国家交通运输二氧化碳排放水平有所下降，然后在2009~2010年回升。这可能是由于2008年的全球经济危机。2011~2014年，发达国家交通运输二氧化碳排放水平非常稳定，在此期间保持在10.04亿~11.75亿吨之间。然而，在2001~2014年间，发展中国家的交通运输二氧化碳排放量显著增

加。2001 年发展中国家交通运输二氧化碳排放量为 64974 万吨，到 2014 年已增至 140139 万吨。2014 年发展中国家交通运输二氧化碳排放水平较 2001 年增加 115.68%，年均增加 5782 万吨。这些结果非常清楚地表明，发展中国家的交通运输二氧化碳排放水平一直在以更快的速度增长。

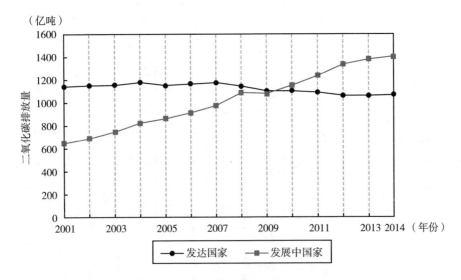

图 4 – 2　2001~2014 年发达国家和发展中国家的交通运输二氧化碳排放量

（2）脱钩状态分析。

表 4 – 7 显示了 2001~2014 年欧洲发达国家和发展中国家以及亚洲发达国家和发展中国家的交通运输二氧化碳排放脱钩情况。其中，亚洲发展中经济体保持扩张耦合状态，交通运输业的二氧化碳排放量和附加值增加。此外，交通运输增加值增速快于交通运输二氧化碳排放量增速。欧洲发展中国家的结果显示脱钩程度较弱，这可能是由于其交通部门使用更清洁的能源或大多数欧盟成员国对用电征税（Dannenberg et al.，2008）。2001~2014 年，本书的评估表明，欧洲发达国家存在四个脱钩状态，而亚洲发达经济体则经历了弱脱钩和强脱钩的两种形式。此外，欧亚发达国家的脱钩状态也在不断改善，这些经济体逐渐实现了交通运输二氧化碳排放的脱钩状态。在比较弱脱钩和强脱钩的过程时，欧亚发达国家在 2008 年和 2014 年期间表现出较强的脱钩水平。这表明亚洲发达国家的能源效率水平在分析期间迅速提高。

表4-7　2001~2014年不同地区交通运输二氧化碳排放脱钩情况

年份	欧洲发达国家				欧洲发展中国家				亚洲发达国家				亚洲发展中国家			
	e	C%	G%	脱钩状态	e	C%	G%	脱钩状态	e	C%	G%	脱钩状态	e	C%	G%	脱钩状态
2001~2002	0.450	0.007	0.014	弱脱钩	0.322	0.018	0.057	弱脱钩	0.208	0.004	0.019	弱脱钩	0.898	0.079	0.088	扩张耦合
2002~2003	0.371	0.009	0.024	弱脱钩	0.499	0.065	0.130	弱脱钩	0.136	0.005	0.036	弱脱钩	1.140	0.201	0.176	扩张耦合
2003~2004	0.587	0.027	0.046	弱脱钩	0.725	0.144	0.199	弱脱钩	0.099	0.005	0.056	弱脱钩	1.231	0.352	0.286	扩张负脱钩
2004~2005	0.322	0.022	0.070	弱脱钩	0.510	0.146	0.287	弱脱钩	-0.648	-0.049	0.076	强脱钩	1.024	0.436	0.425	扩张耦合
2005~2006	0.327	0.034	0.103	弱脱钩	0.425	0.178	0.419	弱脱钩	-0.622	-0.056	0.090	强脱钩	0.941	0.551	0.585	扩张耦合
2006~2007	0.266	0.037	0.138	弱脱钩	0.363	0.220	0.605	弱脱钩	-0.568	-0.063	0.110	强脱钩	0.857	0.676	0.788	扩张耦合
2007~2008	0.050	0.008	0.153	弱脱钩	0.443	0.313	0.706	弱脱钩	-0.724	-0.074	0.102	强脱钩	0.966	0.908	0.940	扩张耦合
2008~2009	-0.198	-0.025	0.126	强脱钩	0.339	0.205	0.605	弱脱钩	-1.367	-0.111	0.081	强脱钩	0.865	0.947	1.094	扩张耦合
2009~2010	-0.236	-0.034	0.142	强脱钩	0.427	0.280	0.657	弱脱钩	-0.918	-0.090	0.098	强脱钩	0.846	1.082	1.278	扩张耦合
2010~2011	-0.223	-0.037	0.168	强脱钩	0.414	0.297	0.716	弱脱钩	-1.093	-0.121	0.111	强脱钩	0.866	1.279	1.477	扩张耦合
2011~2012	-0.412	-0.071	0.173	强脱钩	0.384	0.320	0.832	弱脱钩	-0.806	-0.105	0.131	强脱钩	0.907	1.517	1.671	扩张耦合
2012~2013	-0.406	-0.074	0.182	强脱钩	0.374	0.323	0.865	弱脱钩	-0.624	-0.096	0.154	强脱钩	0.859	1.622	1.888	扩张耦合
2013~2014	-0.304	-0.060	0.199	强脱钩	0.315	0.278	0.880	弱脱钩	-0.706	-0.109	0.155	强脱钩	0.807	1.710	2.120	扩张耦合

此外，根据表4-7，2001~2014年，欧亚走廊沿线国家经历了5个脱钩状态：衰退脱钩、扩张耦合、扩张负脱钩、弱脱钩和强脱钩。由于2001年瑞士才出现衰退脱钩，脱钩状态主要有扩张耦合、扩张负脱钩、弱脱钩和强脱钩。

根据表4-8，从脱钩程度看，22个发达国家中有8个（或36.4%）在2014年实现了强脱钩。在发展中国家中，22个国家中只有1个（或1.4%）在2014年实现了强脱钩。2001~2014年发达国家与发展中国家脱钩，发达国家脱钩主要表现为弱脱钩和强脱钩。扩张负脱钩只发生在8个国家，这些结果集中在2001~2006年期间。7个发达国家（占被评估国家的31.8%）在2011~2014年期间保持了较强的脱钩水平。然而，在整个研究时间范围内，发展中国家的脱钩状态相对较弱，近一半的发展中国家处于扩张耦合。

根据本书分析，发达国家交通运输业的发展模式普遍优于发展中国家。如表4-8所示，从2001~2014年，大多数国家的脱钩状况都有所改善。这表明交通运输二氧化碳排放与经济增长之间的联系随着时间的推移而减弱。

表4-8　　　　　　　　2001~2014年属于每个脱钩指数的国家总数

年份	发达国家					发展中国家			
	衰退脱钩	扩张负脱钩	扩张耦合	弱脱钩	强脱钩	扩张负脱钩	扩张耦合	弱脱钩	强脱钩
2001~2002	1	8	3	7	3	1	2	4	0
2002~2003	0	7	4	7	4	2	1	4	0
2003~2004	0	8	4	7	3	1	1	5	0
2004~2005	0	8	3	7	4	1	1	5	0
2005~2006	0	6	3	9	4	1	1	5	0
2006~2007	0	4	4	10	4	1	2	4	0
2007~2008	0	4	4	10	4	1	2	4	0
2008~2009	0	5	0	12	5	1	2	4	0
2009~2010	0	3	3	10	6	1	1	5	0
2010~2011	0	2	2	10	8	1	2	4	0
2011~2012	0	2	1	10	8	1	2	4	0
2012~2013	0	2	1	11	8	1	2	4	0
2013~2014	0	1	2	11	8	0	3	3	1

2. 交通运输二氧化碳排放驱动因素分析

为研究不同影响因素对脱钩状况的影响，本书将交通运输二氧化碳排放的各种影响分为二氧化碳排放强度、能源强度、交通强度、经济结构、经济规模和人口。

图 4-3 显示了 2001～2014 年各因素对各国交通运输二氧化碳排放水平的总影响。ΔC_{CI}、ΔC_{EI}、ΔC_{TI}、ΔC_{EC}、$\Delta C_{EC'}$ 和 ΔC_P 分别代表碳强度效应、能源强度效应、交通强度效应、经济结构效应、经济规模效应和人口规模效应对交通运输二氧化碳排放的影响。正值表示既能提高交通运输二氧化碳排放水平又能抑制交通运输二氧化碳排放脱钩的分解因子。负值表示对交通运输二氧化碳排放产生抑制作用和促进交通运输二氧化碳排放脱钩的分解因子。

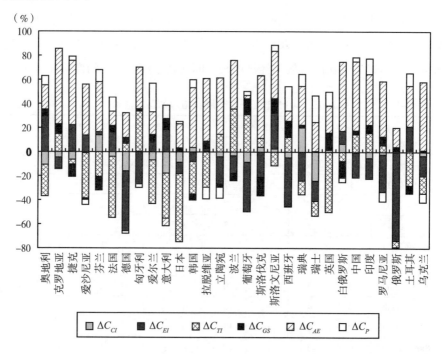

图 4-3　分解因素对各国交通运输二氧化碳排放的影响

注：CI：二氧化碳排放强度；EI：能源强度；TI：交通强度，EC：经济规模；EC′：经济结构；P：人口规模。

从图 4-3 可以看出，交通运输二氧化碳排放强度对各国交通运输二氧化碳排放具有普遍抑制作用，而经济规模普遍提高了各国交通运输二氧化碳排放水平。此外，各种因素所起的影响作用因国家而异，但对大多数国家而言，影响最大的因素是经济规模。其次是能源强度、交通强度和二氧化碳排放强度，而经济结构和人口规模对交通二氧化碳排放的影响最小。与发展中国家相比，能源强度对发达国家的影响通常较小。在评估的国家中，俄罗斯是受能源强度影响最大的经济体。随着人口的强劲增长，对交通运输的需求也随之增加，这反过来又增加了能源消耗和交通运输二氧化碳排放水平。本书还表明，人口规模对交通运输二氧化碳排放变化的影响呈正相关。例如，人口增长导致交通运输二氧化碳排放量增加，而在人口下降的情况下可能会出现相反的情况。

下面将进一步分析交通运输二氧化碳排放强度、能源强度、交通运输强度、经济结构、经济规模和人口规模等因素对交通运输二氧化碳排放的影响。

（1）二氧化碳排放强度。

二氧化碳排放强度作为交通运输二氧化碳排放的主要评价指标，在研究交通运输二氧化碳排放脱钩方面具有重要作用（Bonilla et al.，2015；Bonilla，2019）。如图4-4所示，整个评估的总体趋势表明，除欧洲发展中国家外，二氧化碳排放强度降低了所有交通运输业的二氧化碳排放量。它还促进了交通运输二氧化碳排放的脱钩。欧洲发达国家的二氧化碳排放强度使2001~2002年交通运输二氧化碳排放量减少了73万吨，到2013~2014年增加到3584万吨。同时，2006~2008年，二氧化碳排放强度对亚洲发展中经济体减少交通运输二氧化碳排放量的影响略低。2013~2014年，整体二氧化碳排放水平的降低导致交通运输二氧化碳排放水平下降3499.66万吨，比2001~2002年该地区能够减少的301万吨显著增加。自2008年以来，二氧化碳排放强度水平发生了显著变化，从最初促进交通运输二氧化碳排放到最近帮助欧洲发展中国家减少交通运输二氧化碳排放。而在亚洲发达国家，二氧化碳排放强度有助于在2008~2014年同一时期减少交通运输二氧化碳排放量。因此，欧洲发展中国家应优先考虑能源效率，作为促进脱钩的一种手段。

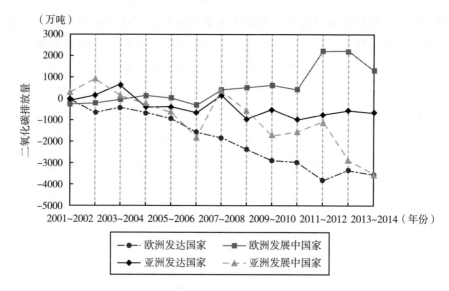

图 4 - 4 二氧化碳排放强度对交通运输二氧化碳排放的影响

（2）能源强度。

能源强度是能源相关交通运输二氧化碳排放的主要抑制因素，其作用与能源消耗和交通运输附加值有关。本书结果表明，2001～2014 年，所有国家的交通运输附加值都有所增加。因此，能源强度对交通运输二氧化碳排放的影响很大程度上取决于交通运输能源消耗的趋势。发达国家交通运输能源消费增速普遍低于发展中国家。与 2001 年相比，除波兰外，所有发达国家的交通运输能源消耗增长均不足 50%。而从发展中国家的角度来看，这些经济体中有一半以上的经济体在 2001～2014 年期间的交通运输能源消耗增长了 50% 以上，但中国和印度例外，它们的增长率分别为 213% 和 149%。这可能就是为什么能源强度通常被认为在发展中国家更具影响力的原因。

图 4 - 5 显示，2001～2014 年，在欧洲发展中国家，能源强度在减少交通运输二氧化碳排放方面发挥了最重要的作用。当时，对亚洲发展中经济体的影响最为明显，能源强度的影响虽然尚未稳定，但在帮助减少整体碳排放方面发挥了关键作用。相比之下，能源强度效应对欧洲和亚洲发达国家的影响较小。例如，在欧洲，能源强度效应促进了交通运输二氧化碳排放量的减少。而在亚洲发达国家，自 2009 年以来，它在减轻交通运输碳

排放量方面的努力具有影响力。此外，能源强度并未有效推动各国交通运输二氧化碳减排，其对不同国家的影响也不一致，表明各国能源效率差异很大。

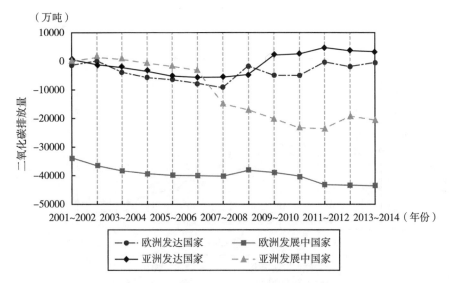

图4-5　能源强度对交通运输二氧化碳排放的影响

（3）运输强度。

运输业是能源密集型行业，运输强度效应是衡量单位运输增加值货物周转量的指标。从图4-6可以看出，2008~2014年，运输强度效应降低了包括欧洲发达国家、欧洲发展中国家和亚洲发达国家在内的几个群体的交通运输二氧化碳排放量。在欧亚发达国家，近年来促进交通运输二氧化碳减排的效果有所改善。而亚洲发展中国家交通强度对交通运输二氧化碳排放的影响则波动较大。2006~2012年，交通强度效应显著增加了亚洲发展中国家的交通运输二氧化碳排放量，然后在2011~2016年其平均增长率放缓。货运周转量方面，爱沙尼亚、法国、爱尔兰、意大利、日本和英国均出现下滑。各国交通基础设施条件存在一定差异，对交通强度效应也有一定影响。与2001年的数据相比，29个国家中有12个国家的铁路里程在2014年有所增加，而其余17个国家则有所下降。发达国家人均铁路里程普遍高于发展中国家，但发展中国家人均铁路里程普遍增长速度快于发达国家。其中，中国人均铁路里程增长最快，从 2001 年的每万人 0.46 万公里增加到 2014 年的每万人 0.49 万公里，增长率为 5.71%。这证明了发达国家的交通运输基础设施总体上优于发展中国家，尽管结果表明发展中国家正在加大力度提高其交通运输基础设施的质量。

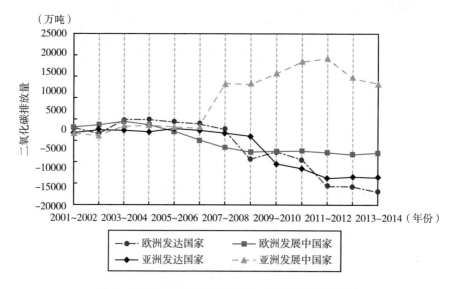

图 4-6　交通强度对交通运输二氧化碳排放的影响

除亚洲发展中经济体外，运输强度水平通常对交通运输二氧化碳排放量的脱钩产生积极影响，这表明这些国家的运输服务发展慢于对其服务需求的增长。

（4）经济规模。

图 4-7 说明了 2001～2014 年，经济规模的增长对不同国家类别的交通运输二氧化碳排放量增长所起的作用。经济规模对亚洲发展中国家交通运输二氧化碳排放量的增长发挥了重要作用，其增长速度远快于欧洲发达国家、欧洲发展中国家和亚洲发达国家。2001～2014 年，经济规模对亚洲发展中经济体交通运输二氧化碳排放量的贡献为 68481 万吨，年均增加 5267.7 万吨。各国 GDP 呈现明显的增长趋势，一定程度上增加了经济规模对交通运输二氧化碳排放增长的影响。总体而言，德国、日本、斯洛文尼亚和瑞士的经济规模对交通运输二氧化碳排放的影响在分析期内由抑制转为促进。

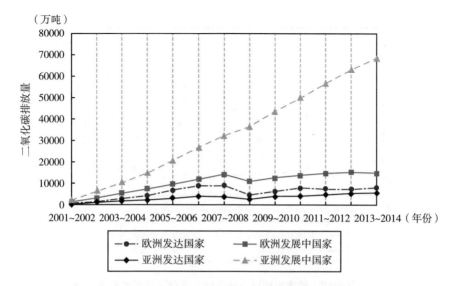

图4-7 经济规模对交通运输二氧化碳排放的影响

结果表明，经济生产仍然是交通运输二氧化碳排放的主要贡献者。亚洲发展中国家在追求经济增长的同时，还需要实施有助于减少交通运输二氧化碳排放的战略举措。

（5）经济结构和人口规模。

随着欧亚走廊各国经济结构的变化和人口规模的不断扩大，对交通运输活动的需求不断增加，这反过来也增加了交通运输部门的能源消耗和二氧化碳排放水平。

图4-8和图4-9显示，在亚欧物流走廊沿线国家，经济结构和人口规模与亚洲发展中国家和欧洲发达国家交通运输二氧化碳排放增长呈正相关，且影响逐年增加。工业重组和资源转移增加了欧洲发展中经济体的交通运输二氧化碳排放量，但是，人口规模同时有助于抑制交通运输二氧化碳排放量，这可能是由于这些发展中欧洲经济体的人口数量减少。相反，亚洲发达国家经济结构的作用在大多数年份有助于降低交通运输二氧化碳排放水平，而人口规模在2001～2014年间交通运输二氧化碳排放量不断增加。特别是，随着大多数国家人口规模的增加，交通运输二氧化碳排放量也在增加。因此，在亚洲发展中国家、欧洲发达国家和亚洲发达国家，人口规模和人口变化对交通运输二氧化碳排放的影响很大。

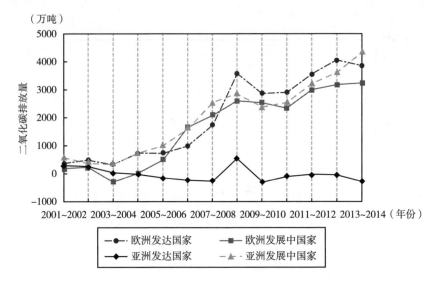

图4 - 8　经济结构对交通运输二氧化碳排放的影响

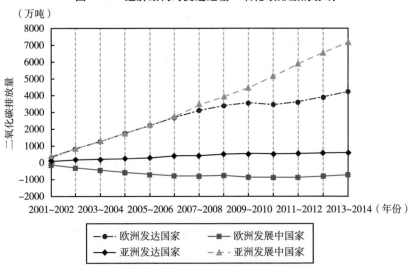

图4 - 9　人口规模对交通运输二氧化碳排放的影响

4.4.2　"一带一路"交通运输部门碳排放差异性实证分析

1. 交通运输行业二氧化碳排放强度时空异质性

式（3 - 17）计算出51个沿线国家的交通运输二氧化碳排放强度。从

图4-9可以看出，2000~2014年，目标国家交通运输部门的二氧化碳排放强度水平逐渐下降。但两极分化趋势明显，西亚、北非、蒙古国和俄罗斯及东南亚的交通运输部门二氧化碳排放强度明显高于其他四个地区。2000~2014年，目标国家的二氧化碳排放强度总水平以波动的方式下降，从2002年的33.43下降到2014年的26.21，减少了21.86%。

特别地，2000~2014年，各国交通运输部门二氧化碳排放强度平均水平最高的5个国家是伊拉克、土库曼斯坦、也门共和国、不丹和吉尔吉斯斯坦。而平均水平最低的国家是新加坡、斯洛伐克共和国、孟加拉国、以色列和土耳其。在这些国家中，伊拉克和土库曼斯坦的大量能源生产，加上缺乏改善能源部门结构和效率水平的动力，导致其各自交通运输部门的二氧化碳排放强度很大。此外，由于国土面积小，自然资源匮乏，新加坡对交通运输行业开发清洁能源替代品有更高的要求。2000~2014年，交通运输二氧化碳排放强度降低率由大至小的5个国家分别是伊拉克（83.09%）、乌兹别克斯坦（76.93%）、老挝（69.96%）、缅甸（58.12%）和阿拉伯埃及共和国（54.97%）。在同一时期，吉尔吉斯斯坦（19.96%）、格鲁吉亚（54.23%）、阿曼（72.84%）、阿拉伯联合酋长国（25.56%）、马尔代夫（41.88%）、越南（19.53%）和文莱达鲁萨兰国（43.19%）出现了波动但有所下降的趋势。

图4-10显示，沿线地区的平均交通运输二氧化碳排放强度水平呈现出波动但逐渐下降的趋势。特别是在2002年、2006年、2010年和2014年，各区域交通运输二氧化碳排放强度水平不同。

（1）中亚地区。

中亚地区的平均值远高于其他地区，呈现出上下波动的"W"型格局。2002年、2006年、2010年和2014年的平均值分别为1.18、0.84、0.85和0.85。中亚大部分国家矿产资源丰富，农业发展潜力巨大，对货物运输的需求很大。这可能是该地区平均值偏高的主要原因。

（2）西亚北非地区。

研究结果表明，该地区交通运输二氧化碳排放强度呈现出波动但逐渐下降的趋势。这是因为这些地区的大多数国家都是"能源富国"，低碳技术在这些国家并不占显著地位。这使得这些地区在绿色交通发展方面滞

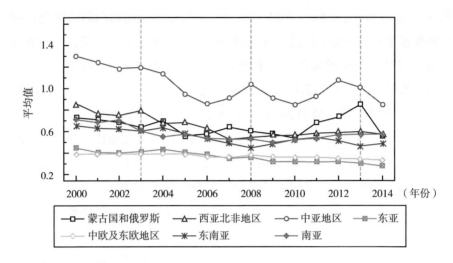

图 4 - 10 2000 ~ 2014 年"一带一路"沿线地区交通运输二氧化碳平均排放强度

后。这些结果也反映了一个事实,即五个中亚国家:沙特阿拉伯共和国、也门共和国、伊拉克和约旦没有立即签署巴黎气候协议,因此,缺乏适当的环境治理措施,从而导致交通能源效率水平低下。尽管如此,他们比南亚和东南亚略高。

(3)南亚和东南亚。

南亚平均值呈现出从 2000 年的 0.85 到 2014 年的 0.57 的下降波动趋势。东南亚与南亚表现出相似的趋势,研究期间结果呈"W"形上下波动。众所周知,大多数东南亚国家的制造业和采矿业都不发达,更多的是依靠旅游服务,受季节波动的影响。同时,与发达的公路运输网络相比,这些国家的水路交通运输系统更为发达。

(4)东亚。

2000 ~ 2007 年,东亚地区二氧化碳排放强度水平略高于中亚和东亚地区。然而,在 2007 ~ 2014 年间,由于中国节能减排技术和绿色能源政策的广泛应用,中国的二氧化碳排放强度水平低于中亚和东亚地区。这表明,中国在节能减排方面取得了显著成效。2004 ~ 2013 年,中国二氧化碳排放强度水平呈"W"形波动,但波动幅度较大。

(5)蒙古国和俄罗斯。

该地区交通运输二氧化碳排放强度值呈反复上升和下降趋势。此外,随着交通运输二氧化碳排放强度值的增加,这两个国家的结果显著高于东南亚、南亚、中亚和东亚地区的平均记录。这是因为俄罗斯地区高水平的工业生产有助于增加二氧化碳排放强度,因此二氧化碳排放强度水平存在较大差异。

(6)中欧及东欧地区。

虽然一些欧洲国家的经济水平远高于东亚国家,但在2000~2014年,这些欧洲国家的二氧化碳排放强度低于东亚国家。与中亚地区相比,中欧和东欧地区的二氧化碳排放强度有了明显的提高。

2. 交通运输行业二氧化碳排放强度的空间自相关

为分析目标国家间交通运输二氧化碳排放强度水平是否存在空间相关性,利用式(3-31)、式(3-32)、式(3-33)、式(3-34)、式(3-35)计算莫兰指数及相关统计量,结果如表4-9所示。

表4-9 2000~2014年"一带一路"沿线国家空间相关性指标

年份	莫兰指数	方差	Z值	P值
2000	0.081	0.009	0.997	0.319
2001	0.113	0.009	1.305	0.192
2002	0.109	0.009	1.276	0.202
2003	0.109	0.009	1.304	0.192
2004	0.181	0.009	1.709	0.088
2005	0.137	0.010	1.513	0.130
2006	0.194	0.010	2.067	0.039
2007	0.138	0.009	1.486	0.137
2008	0.098	0.008	1.272	0.203
2009	0.114	0.010	1.295	0.195
2010	0.134	0.010	1.496	0.135
2011	0.134	0.010	1.461	0.144
2012	0.135	0.010	1.483	0.138
2013	0.016	0.010	0.289	0.771
2014	0.086	0.010	0.989	0.322

由表4-9可知,2000~2014年沿线国家交通运输二氧化碳排放强度

水平的莫兰值为正。然而,这仅适用于 2004 年和 2006 年的莫兰指数。在 10% 和 5% 水平上的显著性检验表明,区域间的空间相关性不显著,这可能与经济发展水平的提高和交通能源利用效率的提高有关。尽管如此,仍有部分交通运输部门依赖于"石油经济"(Platform, 2013)。结果表明,交通运输二氧化碳排放强度的空间相关性不显著。

经计算,仅东南亚国家间莫兰指数为正,其他地区国家间莫兰指数呈离散下降趋势(见表 4 – 10)。

表 4 – 10　　　　　　2000 – 2014 年东南亚国家空间相关指标

年份	莫兰指数	方差	Z 值	P 值
2000	0.305	0.021	2.254	0.024
2001	0.323	0.019	2.371	0.028
2002	0.330	0.021	2.471	0.013
2003	0.325	0.022	2.342	0.019
2004	0.484	0.022	3.402	0
2005	0.563	0.022	3.955	0
2006	0.669	0.021	4.744	0
2007	0.391	0.020	2.889	0.003
2008	0.123	0.019	1.053	0.292
2009	0.111	0.021	0.920	0.357
2010	0.296	0.020	2.278	0.023
2011	0.156	0.021	1.217	0.223
2012	0.238	0.022	1.767	0.077
2013	0.073	0.022	0.662	0.507
2014	0.082	0.020	0.750	0.453

东南亚地区交通运输二氧化碳排放强度受明显的地理因素和运输方式影响。2000 ~ 2007 年交通运输二氧化碳排放强度水平的显著性检验表明,东南亚地区存在较强的空间相关性。该地区还支持发达的水运基础设施,但其公路和铁路网络交通运输发展滞后,缅甸国家公路发展速度缓慢,港口公路通达性差就是一个很好的例子。然而,自 2010 年以来,缅甸政府的经济改革使得公路交通基础设施的发展得到了更大的重视。2008 ~ 2014 年,莫兰交通运输二氧化碳排放强度水平总体结果为正,但均未通过 5%

水平的显著性检验。结果表明,东南亚各国交通运输二氧化碳排放强度的
空间相关性逐渐减弱。这可能是由于随着该地区国家对公路交通运输发展
的重视程度的提高,老挝和缅甸的交通运输二氧化碳排放强度水平有所提
高。在其他国家较低的情况下,整个东南亚的经济水平逐年上升,区域交
通运输相关的二氧化碳排放强度的影响有所减弱,导致空间相关性收敛势
头增强。结果如图4-11所示。

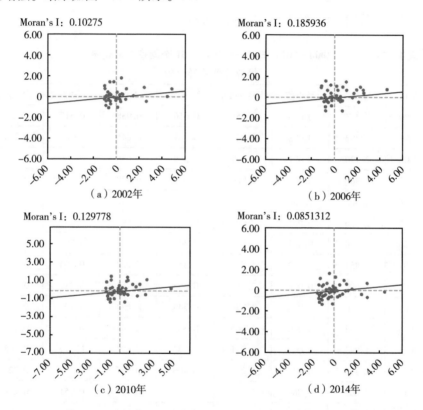

图4-11 2000~2014年"一带一路"沿线51个国家交通运输二氧化碳排放散点

从图4-11中可以看出,从2002~2006年,该区的聚集状态发生了明
显的变化,而当地的莫兰指数从2002年的0.10上升到2006年的0.18,说
明该区的空间分布格局也发生了明显的变化。莫兰散点图的"高—高"和
"低—低"象限表明,交通运输二氧化碳排放强度具有较强的空间正相关,
且空间单元均匀。根据2002年、2006年、2010年和2014年的莫兰散点
图,每年"高—高"和"低—低"象限的样本数分别占总样本数的

21.56%、25.49%、23.52%和31.37%。这说明研究期内整体交通运输二氧化碳排放强度在局部范围内具有较低的空间相关性，且空间异质性逐年降低。

根据式（3-27）、式（3-28）、式（3-29）、式（3-30）计算2000~2014年交通运输二氧化碳排放强度的对数偏差均值、泰尔指数模型等相关统计量：定量描述了51个目标国家交通运输部门二氧化碳排放强度水平空间差异的具体特征。结果如表4-11所示。

表4-11　　　2000~2014年"一带一路"51个国家二氧化碳
排放强度差异比较

年份	最大值	最小值	最大-最小	标准误	CV_t	GE_0	GE_1
2000	3.427	0.076	3.351	0.656	0.938	0.319	0.323
2001	2.882	0.098	2.784	0.561	0.845	0.268	0.275
2002	2.790	0.091	2.699	0.549	0.838	0.266	0.271
2003	2.962	0.061	2.900	0.570	0.878	0.281	0.287
2004	2.565	0.051	2.514	0.446	0.723	0.242	0.224
2005	2.120	0.055	2.065	0.405	0.691	0.230	0.212
2006	1.790	0.053	1.737	0.345	0.637	0.205	0.187
2007	1.851	0.032	1.819	0.319	0.622	0.194	0.174
2008	2.609	0.056	2.553	0.395	0.751	0.211	0.214
2009	1.876	0.093	1.783	0.348	0.674	0.196	0.194
2010	1.885	0.080	1.805	0.335	0.647	0.191	0.183
2011	1.993	0.062	1.931	0.373	0.692	0.219	0.208
2012	2.118	0.047	2.071	0.408	0.737	0.239	0.227
2013	2.066	0.064	2.002	0.423	0.779	0.251	0.249
2014	1.744	0.062	1.682	0.339	0.660	0.205	0.193

表4-11显示，在2000~2014年，所有51个国家的交通运输二氧化碳排放强度，就其最高和最低水平而言，呈波动下降趋势。但这些国家的反弹幅度较小，波动幅度逐渐减小，差异逐渐减小，从2000年的3.351下降到2014年的1.682。因此，从这些结果可以看出，在统计期间，这些"一带一路"国家的交通运输二氧化碳排放强度水平一直在下降。

从图4-12可以看出，CV_t、GE_0、GE_1分别从2000年的0.938、

0.319、0.323 下降到 2014 年的 0.660、0.205、0.193。这说明 51 个目标国在交通运输二氧化碳排放强度上的差异已经逐渐缩小。2003～2013 年，CV_t 呈现明显的上下"W"型波动趋势，在采样周期内，GE_0 和 GE_1 的波动方向与 CV_t 的波动方向一致，具有明显的周期性特征。2000～2013 年，GE_0 和 GE_1 排放均呈现先下降后上升的趋势。这说明交通运输两端国家二氧化碳排放强度水平的差异先缩小后扩大。2013～2014 年，GE_0 和 GE_1 分别从 0.251 和 0.249 减少到 0.215 和 0.193，基于交通运输的二氧化碳排放强度水平数据两端国家之间的差异进一步缩小。此外，利用式（3-27）、式（3-28）、式（3-29）、式（3-30）量化了各地区各国交通运输二氧化碳排放强度水平的差异程度。结果如表 4-11 所示（在研究结束时显示）。

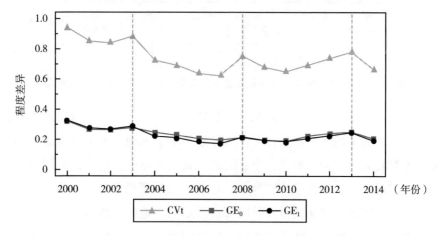

图 4-12 2000～2014 年"一带一路"沿线 51 个国家
交通运输二氧化碳排放强度差异

从表 4-11 可以看出，在分析期内，沿线各区域二氧化碳排放强度差异逐渐缩小。这是因为相邻国家的经济发展水平较高，从而在国家之间产生溢出效应。就一国经济发展水平的差异而言，本书结果表明，交通运输部门发展的差异在区域间正在缩小。

从图 4-13 中可以看出，2000～2014 年，CV_t、GE_0、GE_1 的平均值按区域进行排序：中亚 > 西亚和北非 > 南亚 > 中亚和东部 > 东南亚 > 蒙古国和俄罗斯；中亚 > 西亚和北非 > 东南亚 > 南亚 > 中亚和东部 > 蒙古国和俄罗斯；西亚和北非、中亚、南亚、东南亚、中亚和东部、蒙古国和俄罗斯。

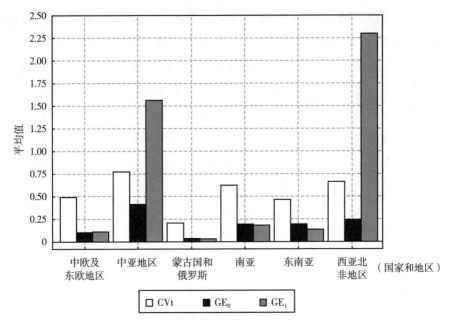

图 4 – 13　2000 ~ 2014 年各地区交通运输二氧化碳排放强度不同指数均值

　　在这些区域中，中亚、西亚、北非和南亚的交通运输二氧化碳排放强度水平与区域平均水平相差较大，这可能是由于该地区各国交通运输部门经济差异较大造成的。中亚：中亚国家二氧化碳排放强度高的原因可以归结为这些国家是"石油经济"国家，经济对石油开采的依赖程度高，且相对欠发达，因此二氧化碳排放强度高。西亚北非地区：该地区二氧化碳排放强度高，其原因是经济严重落后于其他国家。经济结构不发达，过度依赖重工业，能源利用效率低。南亚：南亚大部分国家都是发展中国家，经济发展水平较低。此外，过度依赖特定行业，如旅游业和重工业部门，导致二氧化碳排放强度高。西亚和北非地区 GE_0、GE_1 结果远高于其他地区。此外，其内部交通运输二氧化碳排放强度较低，峰值与全国平均水平的差异远高于其他地区。这是因为西亚和北非区域的运输强度结果显示，就最高平均而言，前四名是：伊拉克、也门共和国、以色列、土耳其。中亚的 GE_1 在六个地区中排名第二，因为它包括了五个交通运输平均二氧化碳排放强度最高的国家中的两个，即土库曼斯坦和吉尔吉斯斯坦。南亚的 GE_1 排名第三，这可能是因为孟加拉国在平均交通运输二氧化碳排放强度方面排名前五。蒙古国、俄罗斯、中东部和东南亚地区 GE_0 和 GE_1 水平均较

低,表明区域内交通运输二氧化碳排放强度水平差异不显著。原因如下:
中东部地区的国家大多是发达国家或二氧化碳排放强度水平较低的国家。
全国交通运输与经济水平处于同步快速发展阶段,各地区发展差异相对较
小。东南亚国家是群岛国家,使用低碳技术,交通基础设施水平落后于中
东部地区及其他国家。此外,整个区域的一种重要的交通方式主要依赖于
水路交通方式,而水路运输交通方式的二氧化碳排放强度相对较低。

从上述分析中,本书强调了交通运输二氧化碳排放强度水平的不同
程度的分散和收敛。因此,利用 ArcGIS 将交通运输二氧化碳排放强度数据
投影到三维空间东西向和南北向的正交平面上,以说明和对比其差异,如
图 4-14 所示。

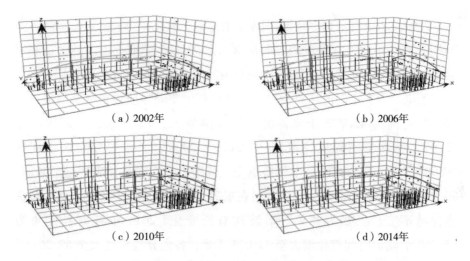

（a）2002年　　　　　　　　　　　（b）2006年

（c）2010年　　　　　　　　　　　（d）2014年

图 4-14 "一带一路"沿线 51 个国家交通运输二氧化碳排放强度趋势

图 4-14 和表 4-12 的分析表明,中心区域的交通二氧化碳排放强度
明显高于东部和西部地区在东西方的投影,在南北向上的投影,中部地区
明显高于南部和北部地区。在不同时间点,51 个沿线国家交通运输二氧化
碳排放强度的空间异质性范围不同。2012 年,东部地区交通运输二氧化
碳排放强度显著高于西部地区,而南部地区则显著高于北部地区。在其他结
果中,各峰间间隔的大小也逐渐增大,但也验证了上述结果的变异系数。
最后,对数平均偏差和泰尔指数逐渐缩小,交通运输二氧化碳排放强度的
空间差异也随之减小。

表 4 – 12　　　　　　2000 ~ 2014 年"一带一路"沿线 51 个国家交通运输
二氧化碳排放强度空间变化比较

年份	主要分布区	次分布区	各向异性角	步长	块金值	基台值
2000	92. 925	42. 314	169. 629	7. 743	0. 020	0. 392
2002	89. 360	37. 688	168. 222	7. 446	0. 021	0. 274
2004	83. 176	40. 111	157. 500	6. 931	0. 007	0. 196
2006	45. 772	32. 113	104. 941	6. 709	0. 013	0. 107
2008	79. 985	32. 752	155. 566	6. 665	0. 015	0. 152
2010	51. 496	32. 116	110. 391	6. 124	0. 014	0. 095
2012	60. 339	39. 431	112. 676	5. 927	0. 031	0. 165
2014	59. 267	33. 073	104. 238	5. 626	0. 016	0. 111

　　2000 ~ 2014 年，51 个沿线国家交通运输二氧化碳排放强度呈空间各向异性。2000 年，10. 370 度的方向从南到东 92. 925 公里范围内的长轴和短轴 42. 314 公里，任何国家与超出该范围的国家之间的相关性差异都大于接近该范围的国家之间的相关性差异。2006 年，空间异质性最显著的地方主要变化范围为 45. 772 千米，次变化范围为 32. 113 千米，东射线南纬 75. 06°，均在空间异质性范围内。2006 ~ 2008 年，主要分布区增加到 79. 985 千米，次分布区基本保持不变，范围扩大，空间异质性逐渐减弱。2009 ~ 2014 年，对非均匀性的夹角在东 75. 76°以南 24. 43°之间，其上域基本保持不变，主要为"W"形波动有所变化。2014 年各向异性角为 75. 760°，随着时间变化增大至 33. 073 千米，各向异性角增大至 59. 267 千米；在这些参数的作用下，各向异性空间继续扩大，因此为了进一步显示某一方向的非均质性，扩大主变化和时变化范围是很重要的。

4. 4. 3　"一带一路"沿线国家碳排放脱钩分析

1. 交通运输业二氧化碳排放强度分析

　　式（3 – 27）计算了"一带一路"沿线 51 个国家交通运输二氧化碳排放强度水平。从图 4 – 15 可以看出，2000 ~ 2014 年，"一带一路"沿线地区平均交通运输二氧化碳排放强度水平呈现波动下降趋势。此外，2004 ~

2013 年，尽管东南亚、南亚、东亚、中亚和东亚的交通运输二氧化碳排放强度显著高于平均水平，但"W"型波动幅度较大，导致该地区交通运输二氧化碳排放强度增加。然而，从地理区域来看，亚洲、欧洲和非洲国家的交通运输二氧化碳排放强度确实呈现出逐渐下降的趋势，尽管同期亚洲国家的二氧化碳排放强度往往高于欧洲国家。

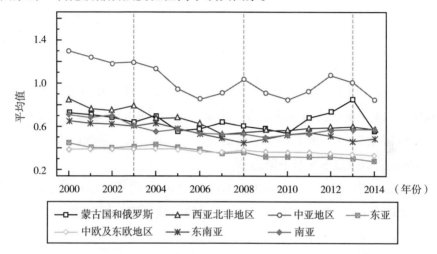

图 4 – 15　2000 ~ 2014 年"一带一路"沿线国家平均交通运输二氧化碳排放强度

根据式（3 – 28）、式（3 – 29）和式（3 – 30），计算 2000 ~ 2014 年交通运输二氧化碳排放强度的对数偏差均值、泰尔模型等相关统计量，定量描述了"一带一路"沿线 51 个国家交通运输业二氧化碳排放强度水平的空间差异特征，结果如表 4 – 13 所示。

表 4 – 13　　"一带一路"沿线 51 个国家 2000 ~ 2014 年二氧化碳
排放强度差异

年份	最大	最小	最大 – 最小	标准偏差	CV_t	GE_0	GE_1
2000	3.430	0.08	3.35	0.66	0.94	0.32	0.32
2001	2.880	0.10	2.78	0.56	0.85	0.27	0.28
2002	2.790	0.09	2.70	0.55	0.84	0.27	0.27
2003	2.960	0.06	2.90	0.57	0.88	0.28	0.29
2004	2.570	0.05	2.51	0.45	0.72	0.24	0.22
2005	2.120	0.06	2.07	0.41	0.69	0.23	0.21
2006	1.790	0.05	1.74	0.35	0.64	0.21	0.19
2007	1.850	0.03	1.82	0.32	0.62	0.19	0.17

续表

年份	最大	最小	最大 – 最小	标准偏差	CV_t	GE_0	GE_1
2008	2.610	0.06	2.55	0.40	0.75	0.21	0.21
2009	1.880	0.09	1.78	0.35	0.67	0.20	0.19
2010	1.890	0.08	1.81	0.34	0.65	0.19	0.18
2011	1.990	0.06	1.93	0.37	0.69	0.22	0.21
2012	2.120	0.05	2.07	0.41	0.74	0.24	0.23
2013	2.067	0.06	2.00	0.42	0.78	0.25	0.25
2014	1.740	0.06	1.68	0.34	0.66	0.21	0.19

如表 4 – 13 所示，从"一带一路"沿线国家最低和最高水平来看，2000 ~ 2014 年呈现波动下降趋势。然而，这些国家的波动幅度从 2000 年的 3.35 降至 2014 年的 1.68。总体而言，"一带一路"沿线国家交通运输二氧化碳排放强度水平呈下降趋势。

如图 4 – 16 所示，GE_1、GE_0、CV_t 从 2000 年的 0.32、0.32、0.94 下降到 2014 年的 0.19、0.21、0.66。这说明沿线国家交通运输二氧化碳排放强度的差异逐渐缩小。

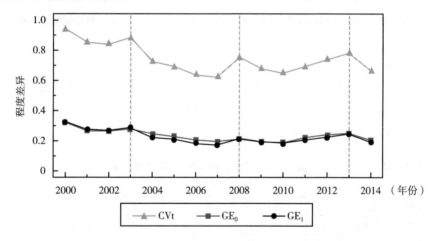

图 4 – 16 "一带一路" 51 个国家交通运输二氧化碳排放强度差异

2. 交通运输业脱钩状态分析

根据式（3 – 41），本书计算了"一带一路"沿线国家 2000 ~ 2014 年交通运输二氧化碳排放脱钩水平。表 5 – 4 描述了 2000 ~ 2014 年 "一带一路"沿线国家交通运输二氧化碳排放脱钩趋势。2000~2014年，交通运输业产值和二氧化碳排放量均有所增加。因此，该时期存在三种脱钩状态：弱脱钩（$0 \leq e < 0.8$）、扩张耦合（$0.8 \leq e \leq 1.2$）和扩张负脱钩（$e > 1.2$）。

从表5-4可以看出，在2000~2002年、2004~2007年、2008~2010年、2012~2014年这四个阶段，交通运输二氧化碳排放量增加，而交通运输产出增加的速度快于二氧化碳排放量增加的速度，这一结果被称为弱脱钩。在2002~2004年和2010~2012年阶段，交通运输业表现出扩张耦合，增长的二氧化碳排放量增幅大于或等于交通运输业增长率。在2007~2008年，交通运输业表现出扩张负脱钩，因为二氧化碳排放的增长率高于交通运输业的增长率。各区域的脱钩状态如下：

（1）蒙古国和俄罗斯。

2000~2014年，蒙古国和俄罗斯基本处于脱钩阶段（64.29%）。2003~2004年和2009~2010年是扩张负脱钩，这是一种低效的扩张类别的发展。交通运输业二氧化碳排放量增长速度较快，而交通运输业总值增长速度较慢。

（2）中亚地区。

2000~2014年，中亚地区交通运输业总值与二氧化碳排放经历了脱钩和耦合两个阶段。其中，强脱钩（21.42%）、弱脱钩（57.14%）、衰退脱钩（7.14%）和扩张耦合（14.29%）。脱钩阶段所占比例达到85.71%，说明中亚地区交通运输业总产值不依赖于二氧化碳排放。2000~2006年，中亚处于理想的脱钩状态，表明交通运输业的发展在一定程度上抑制了二氧化碳排放，但强脱钩状态并未保持。2011~2014年，该地区处于稳定脱钩阶段，这表明该地区国家开始更加重视交通运输业的发展和环境保护。

（3）西亚北非地区。

在统计期间，交通运输业总值与二氧化碳排放量之间存在的脱钩现象大幅波动，这可能与该区域大多数国家都是基于化石燃料的能源经济有关，其中，低碳和低碳技术的概念很少受到重视。

（4）中欧及东欧地区。

与其他地区相比，中东欧国家大多为发达经济体，脱钩类别主要包括扩张性负脱钩、弱脱钩和强脱钩。2010~2014年，中欧及东欧地区交通运输业总值与二氧化碳排放量处于稳定的脱钩状态，说明中欧及东欧地区交通运输业整体环保水平较高。

（5）东南亚。

在统计期间，东南亚基本处于脱钩阶段（64.29%），这是由于大部分地区为群岛国家，主要依靠水路运输方式。强脱钩年份占总分析周期的21.42%。根据 Tapio 理论，强脱钩是保证低碳交通发展的最佳状态，而强负脱钩是最差的发展状态。2004～2006 年和 2012～2013 年，交通运输业总值与区域二氧化碳排放水平处于强脱钩的理想状态，因此，交通运输业二氧化碳排放的减少与经济增长同步。2000～2001 年、2007～2009 年和2010～2011 年，东南亚经历了扩张性负脱钩（28.57%）。在此期间，交通运输业的总产值和二氧化碳排放量都在增加，但二氧化碳排放量的增长速度要快于交通运输业。2010 年以后，该地区高度重视进一步发展公路和铁路基础设施。在发展的初始阶段，忽略了环境污染问题，这意味着这段时间内基于交通的二氧化碳排放量增长较快。2012～2014 年，交通运输业有了长足的发展。交通运输业二氧化碳排放增速低于经济增速。

（6）南亚。

统计期间，南亚基本处于弱脱钩类别，其中强脱钩和弱脱钩的总年数占分析期间的71.43%。扩张负脱钩率为21.42%，而扩张耦合仅在2011～2012 年发生。交通运输业的增长速度明显高于二氧化碳排放水平的增长速度。这可能是因为南亚国家大多是发展中国家，旅游业是它们的主要产业。交通运输业的增长主要通过旅游业的发展体现出来。

（7）东亚。

在东亚，只有一个样本国家是中国。在统计期间，中国经历了多种类型的脱钩，说明脱钩关系是不稳定的。2000～2001 年，出现了较强的脱钩现象，说明交通运输的发展对能源部门的依赖程度较低。2001～2004 年、2007～2008 年和2009～2012 年的脱钩状态多为负脱钩或耦合，说明这一时期交通运输业总产值和二氧化碳排放量相对较高。中国交通运输业的发展处于既保持交通运输业经济增长又减少环境污染的相互制约状态。这是一个非常痛苦的过程。经济增长对环境有很大的影响。经济发展状况直接决定了中国交通运输业二氧化碳排放的趋势。在 2004～2007 年、2008～2009 年和 2012～2014 年，中国的交通运输业总值和二氧化碳排放属于弱脱钩类别。虽然这两个方面同时增长，但经济的增长速度要快于二氧化碳排放量的增长速度。"十二五"以来，中国大力发展低碳交通，大力推广节能减排新技术。为了实现经济增长与交通运输二氧化碳排放的强脱钩，需要加强节能减排政策的法制化。因此，中国的低碳转型在很大程度上仍处于起步阶段。

3. 综合评估

本书还绘制了单位二氧化碳排放量与交通运输业单位总产值的关系图，以探讨交通运输业发展与二氧化碳排放量的关系，如图4-17所示。

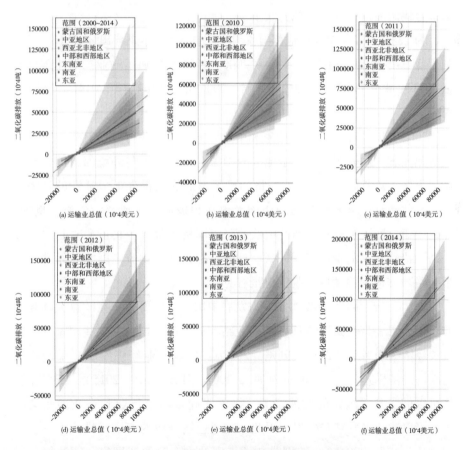

图4-17　"一带一路"沿线51个国家二氧化碳排放与交通运输业增长的相关性

注：点为国家，投影区域为95%显著性水平，拟合线表示区域平均水平。

　　不出所料,交通运输发展带动了"一带一路"沿线 51 个国家的二氧化碳排放。本书总体结果显示,"一带一路"沿线 51 个国家的二氧化碳排放与交通运输增长呈正相关。然而,不同的国家表现出不同的模式。图 4-17 根据"一带一路"沿线的地理位置,将各国划分为 7 类。即蒙古国与俄罗斯、中亚、西亚与北非、中亚与东亚、东南亚、南亚、东亚。如图 4-17 所示,拟合线斜率越大,意味着单位交通运输业增长所产生的二氧化碳量越高。2000~2014 年,拟合线的斜率(区域平均水平)不同:东亚>南亚>中亚和东部>中亚>东南亚>蒙古国和俄罗斯>西亚和北非。值得注意的是,2010~2014 年中亚和中东欧地区的演变趋势。即中东欧国家拟合线向上,中亚国家拟合线平缓。

　　为了进一步了解交通运输部门脱钩变化的原因,本书导出公式(3-27)。利用 ArcGIS 绘制了沿线 51 个国家 2000~2014 年交通运输业二氧化碳排放强度的区域分布图。选取 2002 年、2006 年、2010 年、2014 年为研究对象。

　　2002~2014 年,中东部国家和中亚国家交通运输行业二氧化碳排放强度变化显著。这表明,这两个地区的国家在经济发展与环境保护的关系上做得很好。众所周知,"一带一路"已经发展成为世界上最活跃的经济走廊。与此同时,越来越多的周边国家也在积极响应欧亚物流走廊,例如,途经中亚、连接东亚和欧洲的中欧铁路定期货运服务。它正在改变"一带一路"沿线国家的货运组织模式。此外,探讨欧亚物流走廊能否促进"一带一路"交通运输领域的脱钩也很有意义。

　　但"一带一路"沿线国家多为发展中国家,主要分布在欧亚大陆和北非。作为"一带一路"沿线任何产业结构调整的一部分,这些国家都需要发展经济(黄等人,2019;刘浩,2018)。区域工业经济发展应采用高效低碳的经济模式(Enevoldsen et al.,2007;Hao et al.,2015)。新兴经济体可以借鉴发达国家的发展经验。提前明确重污染行业和企业的政策法规,可以避免走弯路和失误。因此,交通运输领域的污染减排成本不容忽视(Cui et al.,2018)。特别是能源丰富的中亚和西亚国家,清洁能源运输资源正被挤出市场。

　　值得注意的是,低碳技术创新可以改善经济发展与环境污染的关系。

然而,"一带一路"沿线的区域发展并不均衡。这种差异不仅反映在区域一级,而且从个别国家的角度来看也是明显的。交通基础设施可能导致二氧化碳排放增加(Xie et al.,2017),如2004年中国和越南大力推动高速公路建设的"两廊一圈"(Fotheringham et al.,1989)。因此,经济发展和环境保护之间的关系可能是复杂的。此外,以中国为例,在政策的支持下,新能源汽车产业发展迅速,同时逐步淘汰高污染、高能耗汽车(Guo et al.,2019)。建议采用绿色高新技术,推动"一带一路"沿线新型交通基础设施建设,积极构建区域绿色清洁经济(Mi et al.,2017;Zhang et al.,2017)。

4.5 "一带一路"互联互通"交通—经贸"模式创新发展评估

4.5.1 内陆物流枢纽对东北亚地区发展综合评估

本书绘制了中俄、中日、中韩的双边进出口贸易额与中国内陆港建设的发展趋势图,进一步探讨中国内陆港建设与域内各国之间的经贸发展影响关系,如图4-18、图4-19、图4-20所示。

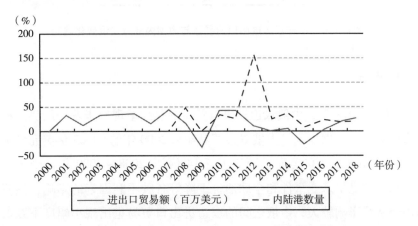

图4-18 中俄双边进出口贸易额与中国内陆港建设变化趋势

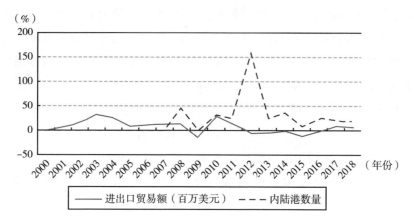

图 4 – 19　中日双边进出口贸易额与中国内陆港建设变化趋势

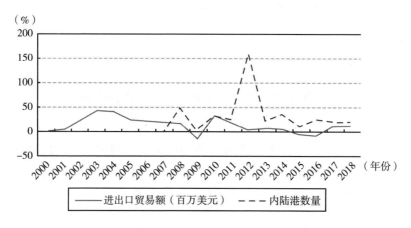

图 4 – 20　中韩双边进出口贸易额与中国内陆港建设变化趋势

1. 中俄

2000～2018 年，中俄双边进出口贸易额总体呈现稳步发展趋势。根据联合国的统计数据显示，中俄双边贸易额从 2000 年的 80.03 亿美元增加到 2018 年的 1068.92 亿美元，增长了近 14 倍①。2008～2009 年，受金融危机、乌克兰克里米亚事件和全球油价下降等各种不利因素的影响，俄罗斯国内经济受影响较大，中俄之间的双边进出口贸易也出现小幅度下跌。与

---

① 资料来源：联合国商品交易数据库（UN-comtrade Database）。

此同时，中国的内陆港建设从 2010～2013 年呈现出翻倍快速增长势头，2014 年之后起进入平稳发展期。如图 4-18 所示，从 2013 年"一带一路"倡议发起至 2018 年，中俄双边经贸发展形势良好，进出口贸易额与内陆港数量变化始终呈现一致趋势。随着中俄经贸合作的不断升华，"中欧班列"的高质量发展，今后中俄双边进出口贸易与中国内陆港建设之间的关系将更为紧密。

2. 中日

2000～2018 年，中日双边进出口贸易总额呈现稳步增长趋势，总规模约扩大了 3.2 倍。根据联合国的统计数据显示，2018 年中日双边进出口贸易额达 3276.37 亿美元，创下历史新高[①]。中国是世界上最大的发展中国家，人口众多、市场庞大；日本在资金和技术方面具有一定的优势，中日两国贸易互补性较强，这为中日贸易的发展提供了坚实的基础。虽然中日经贸正在向着良好的方向发展，但仍有许多问题需要解决。其中，在"一带一路"背景下，作为岛国的日本如何提高与亚欧的陆路货物运输能力，通过提升物流效率，加强与中亚、西亚及欧洲市场之间的联系，这将对中日双边进出口贸易往来的进一步发展起到十分重要的作用。

3. 中韩

2000 年以来，中韩两国贸易一直保持良好的增长势头，2005 年两国双边贸易额首次突破 1000 亿美元，达到 1119.28 亿美元[②]，随着 2015 年中韩 FTA 协议的签订，中韩两国进入发展新时期。虽受"萨德"的影响，中韩两国双边进出口贸易额大致呈现稳步上升趋势。据联合国的统计数据显示，2018 年中韩贸易额已达 3135.95 亿美元[③]。值得注意的是，随着中国内陆港逐渐形成规模效益，以及 2013 年三星半导体（西安）等千亿级投资项目的落地，2013～2018 年，中韩进出口贸易额与中国内陆港数量长期呈现出一致的变化趋势，这也一定程度上说明，中国内陆港建设与中韩经贸发展存在极为密切的关联性。

---

①②③　资料来源：联合国商品交易数据库（UN-comtrade Database）。

4.5.2　内陆港建设对中韩双边贸易发展评估

作为调查内陆港口发展对中韩双边贸易流影响的第一步,我们首先调查自内陆港口建立以来,各地区进出口份额(以美元计的进出口总额)是否发生了变化。当某一地区的内陆港口建设通过高效的物流运作对中韩双边贸易产生积极影响时,该地区在整个国家的进出口份额可能会显著增加。如表4-14所示,内陆港口建设前后进出口份额的比较。然而,内陆港口的建立是否能促进中韩贸易,几乎没有定论。在中国内陆港口发达的21个地区中,只有9个地区对韩国的平均进出口份额有所增加,而其余地区的份额有所下降。贸易流量份额增长最显著的是广东和江苏地区。

表4-14　　　　　中国30个地区贸易流量、GRP、FDI和物流基础设施(2000~2017年平均值)

地区	进出口(百万美元)	GRP(亿元人民币)	距离(公里)	外商直接投资(百万美元)	IP	出口(亿元人民币)	公路(公里)	铁路(公里)	卡车(万辆)	工人(人数)
Panel A:大型进出口										
江苏省	38284	3837	969	716	Y	1344	120222	1917	1038	178973
广东省	38014	4212	2071	207	Y	1743	168111	2694	1410	262060
山东省	22789	3548	892	519	Y	1500	185233	3894	1316	207219
上海市	15958	1543	871	198	N	626	10322	383	266	112278
天津市	11742	866	872	194	Y	454	13111	822	266	52038
浙江省	9209	2496	1028	112	Y	1307	89072	1672	983	125543
辽宁省	7049	1561	563	194	Y	827	88639	4539	512	199635
北京市	6704	1314	956	407	Y	579	18978	1194	616	206044
福建省	4148	1413	1469	12	Y	1188	82106	2044	372	88703
河南省	2871	2090	1236	8	Y	1008	190000	4294	809	255582
Panel B:中型进出口										
河北省	2733	1809	1098	30	Y	1249	132322	5322	963	167652
陕西省	1528	956	1667	163	Y	770	117389	3633	365	160486
四川省	1457	1639	2239	39	Y	1688	216867	3378	670	164204
重庆市	1453	807	2083	46	N	776	91967	1322	220	106047
安徽省	1078	1192	1091	15	Y	682	132561	2933	407	111346
湖北省	1046	1542	1404	35	N	1190	174067	3100	413	191158

续表

地区	进出口（百万美元）	GRP（亿元人民币）	距离（公里）	外商直接投资（百万美元）	IP	出口（亿元人民币）	公路（公里）	铁路（公里）	卡车（万辆）	工人（人数）
山西省	1005	788	1271	19	Y	597	109189	3722	433	168089
江西省	844	898	1429	23	N	478	116622	2883	268	121958
湖南省	799	1523	1670	23	Y	981	170972	3483	432	152641
吉林省	741	783	714	58	Y	525	76194	4050	279	111835
Panel C：小型进出口										
内蒙古自治区	500	960	1368	—	Y	842	133244	8278	342	135234
黑龙江省	497	929	910	10	Y	572	124489	5789	327	187256
广西壮族自治区	356	892	2422	—	N	828	90622	3361	303	112672
甘肃省	228	385	2068	4	N	381	96022	2761	170	83690
宁夏回族自治区	176	154	1815	—	Y	136	21567	1022	84	24009
海南省	174	200	2528	4	N	200	22283	517	72	16770
贵州省	169	509	2262	1	Y	755	119678	2167	239	64110
云南省	133	734	2683	3	Y	1065	197811	2550	440	97523
新疆维吾尔自治区	83	518	3334	—	Y	520	133883	3861	243	85266
青海省	58	127	2233	—	N	235	51978	1678	62	27544

内陆港口发展对双边贸易流动的影响因进出口规模而异。对于进出口贸易额大的样本组来看，内陆港口的建立与中韩贸易规模呈现正相关，并且在1%水平上的关系具有统计学显著性（见表4-15）。

表4-15　　　　内陆港建设前后中国各地区进出口份额变化

进出口组别	地区	Pre-IP		Post-IP		增加/减少
		时期	进出口百分比（%）	时期	进出口百分比（%）	
大	江苏省	2000~2011	19.93	2012~2017	21.92	增加
	广东省	2000~2015	21.33	2016~2017	24.18	增加
	山东省	2000~2007	15.42	2008~2017	13.05	减少
	天津市	2000~2011	7.76	2012~2017	6.17	减少
	浙江省	2000~2011	5.90	2012~2017	4.98	减少
	辽宁省	2000~2011	5.06	2012~2017	3.78	减少
	福建省	2000~2010	2.96	2011~2017	2.24	减少
	河南省	2000~2011	0.66	2012~2017	2.56	增加

续表

进出口组别	地区	Pre-IP		Post-IP		增加/减少
		时期	进出口百分比(%)	时期	进出口百分比(%)	
中	河北省	2000~2006	1.38	2007~2017	1.67	增加
	陕西省	2000~2015	0.55	2016~2017	2.29	增加
	四川省	2000~2016	0.69	2017	1.46	增加
	安徽省	2000~2011	0.56	2012~2017	0.71	增加
	山西省	2000~2012	0.85	2013~2017	0.49	减少
	湖南省	2000~2011	0.57	2012~2017	0.45	减少
	吉林省	2000~2015	0.68	2016~2017	0.33	减少
小	内蒙古自治区	2000~2016	0.36	2017	0.32	减少
	黑龙江省	2000~2005	0.78	2006~2017	0.25	减少
	宁夏回族自治区	2000~2009	0.09	2010~2017	0.11	增加
	贵州省	2000~2014	0.11	2015~2017	0.17	增加
	云南省	2000~2013	0.09	2014~2017	0.08	减少
	新疆维吾尔自治区	2000~2015	0.07	2016~2017	0.05	增加

　　经过再次讨论后，令人惊讶的发现是，内陆港口和双边贸易之间的关联对于进出口贸易额小的样本组来说是呈现负面的影响，尽管没有统计学意义。内陆港口建设发展与进出口贸易额规模的正相关关系在加入其他物流基础设施变量的影响仍然存在，这表明内陆港口建设对促进中韩贸易起到了重要作用，如表4-16所示。

表4-16　　　　　　　　　　重力模型估计结果

变量	Model 1		Model 2		Model 3	
Panel A：大型进出口						
KGDP	0.706	[3.472]***	0.588	[2.920]***	0.326	[0.994]
GRP	0.453	[5.418]***	0.338	[3.809]***	1.590	[6.093]***
DIS	0.659	[4.645]***	0.822	[5.593]***	0.726	[4.440]***
FDI	0.417	[16.432]***	0.453	[16.714]***	0.365	[10.750]***
IP			0.392	[3.251]***	0.369	[2.761]***
EXP					-0.292	[-2.054]**
ROAD					-0.253	[-1.806]*

续表

变量	Model 1		Model 2		Model 3	
RAIL					0.165	[0.899]
TRUCK					−0.367	[−2.521]**
WORKER					−0.451	[−3.669]***
C	−21.310	[−3.954]***	−18.335	[−3.442]***	−11.947	[−1.348]
Panel B：中型进出口						
KGDP	0.250	[0.940]	0.255	[0.960]	0.247	[0.781]
GRP	0.860	[8.130]***	0.820	[7.254]***	0.218	[0.955]
DIS	−0.416	[−3.157]***	−0.375	[−2.723]***	−0.355	[−1.982]*
FDI	0.068	[3.245]***	0.073	[3.379]***	0.059	[2.947]***
IP			0.131	[1.006]	−0.052	[−0.444]
EXP					−0.282	[−2.039]**
ROAD					−0.059	[−0.558]
RAIL					−0.454	[−2.144]**
TRUCK					0.748	[4.138]***
WORKER					0.824	[4.761]***
C	−5.166	[−0.775]	−5.277	[−0.791]	−12.206	[−1.403]
Panel C：小型进出口						
KGDP	0.231	[0.784]	0.268	[0.898]	0.807	[1.504]
GRP	0.334	[3.108]***	0.369	[3.221]***	2.131	[4.231]***
DIS	−0.850	[−4.207]***	−0.941	[−4.148]***	0.748	[1.924]*
FDI	0.154	[4.039]***	0.155	[4.046]***	0.130	[3.478]***
IP			−0.216	[−0.889]	−0.049	[−0.204]
EXP					0.223	[0.949]
ROAD					−0.807	[−4.359]***
RAIL					0.194	[0.742]
TRUCK					−1.575	[−3.720]***
WORKER					0.734	[2.178]**
C	2.348	[0.330]	1.787	[0.250]	−40.097	[−2.373]**

注：（1）括号中提供了 t 统计量；（2）* $p < 0.1$，** $p < 0.05$，*** $p < 0.001$。

内陆港口发展对中韩双边贸易的影响因贸易量的不同而不同，这可以用内陆港口的竞争力来解释。考虑到内陆港口的功能是通过提供整合、清关、检验检疫服务来减少国际贸易的时间和成本，因此其竞争力取决于国际贸易量和地理位置（Gooley，1998；Ka Bain，2011）。李仲培（Lee Choong-Bae，2018）利用层次分析法（AHP）分析了 28 个中国内陆港口的竞争力。具体而言，该研究报告指出，决定某个内陆港口竞争力的因素的相对重要性依次为：与附近海港的距离、主要干线上的位置、铁路和公路的交通量，以及区位商（LQ）指数。

与之前的文献一致，研究发现，内陆港口对促进韩国与中国进出口量较大地区（进出口"大"的分组）之间的贸易具有积极影响。此外，在这一群体中，除北京 CY 和河南 PE 外，有 8 个地区位于沿海地区。与此形成鲜明对比的是，进出口中小企业集团的沿海地区分别只有 1 个（河北 PE）和 2 个（广西壮族自治区和海南 PE）。因此，可以得出结论，当中国和韩国之间存在大量进出口和与相邻海港的高效连接时，内陆港口的建立促进了两国之间的贸易流动。因此，本书的结果表明，在海陆物流活动有效整合的情况下，内陆港口的建设可以促进中韩贸易。

第5章

"一带一路"互联互通的亚欧物流通道脆弱性治理研究

5.1 物流枢纽建设与区域经贸发展方面

5.1.1 中国物流基础设施对经济增长

本书的结果为物流基础设施的决策提供了两个重要的启示。首先，这项研究的结果强调了海上运输对一个国家经济增长的重要性，海上运输促进一个国家的国际贸易。鉴于国际贸易是经济增长的关键因素，绝大多数的出口和进口是由航运交通、海事物流基础设施的发展可以视为一个国家的经济的底线。例如，莱（Lai）等的文件表明，东盟国家之间的国际贸易和运输物流活动是相互促进的。具体而言，他们发现东盟成员国之间的内部贸易增加了运输物流绩效，然后，物流基础设施的改善促进了与非成员国之间的贸易流动。此外，在经济全球化和物流供应链兴起背景下，内陆物流枢纽的含义要比海港的内陆延伸更丰富多样，尤其是在发展中国家，其对区域经济发展的驱动效应更应得到关注。因此，物流基础设施的完善不仅为物资的流动提供了便利，更为中国经贸发展提供了机遇。

此外，本书实证分析的另一个主要发现是由公路和铁路组成的陆路运输网络在货物配送和转运中的重要作用。中国幅员辽阔，陆路运输是中国传统的物流方式。在过去几十年里，经济的快速发展要求国家的物流系统现代化，以适应不断增加的货物量。因此，近年来，中国政府通过优化、整合和功能提升，着力构建辐射带动能力强、现代化运营水平高、互联互通紧密的国家物流枢纽网络基本框架。2019 年，中国政府公布了《国家物流枢纽布局和建设规划》，其目标是到 2025 年建成约 150 个国家物流枢纽，其中内陆枢纽占绝大多数。物流枢纽具有货物配送、仓储和转运功能，是整合各种运输设施和区域网络系统的重要组成部分。

5.1.2　旅游业对区域经济联动发展

本书以 2006～2019 年关中城市群共 11 个城市的面板数据为样本，采用门槛效应模型考察了关中城市群在交通设施建设的影响下，旅游业和区域经济发展的关系。在此基础上，创新性地探讨了作为主要运输方式的公路如何对旅游业与区域经济联动发展产生影响。

实证结果表明，以关中城市群的交通基础设施固定投资为门槛变量，旅游业的发展对推动区域经济存在正向非线性单门槛效应；公路建设对旅游业促进经济的发展存在正向非单调的双门槛效应。以上结果验证了《关中平原城市群发展规划》中加大交通网络系统投资建设领导方针的正确性，但是，由于关中城市群各个城市之间的交通建设发展存在差异，如何因地制宜地制定了交通运输建设规划，进而带动关中城市群旅游业对经济的进一步促进成为亟须关注的问题。本书针对此提出了以下三点建议。

首先，优化关中城市群整体交通网络布局，实现交通建设质的飞跃。关中城市群 11 个城市的交通基础设施投资均超过了门槛值，旅游业对经济增长的边际效应减小，相关部门应该将目标从规模扩展向整合优化转变。关中城市群作为跨三省城市群集合，行政区域的划分使得交通网络布局整体呈现松散状态，优化整体交通网络布局，增强 11 个城市之间的交通便利性，为关中城市群旅游业推动经济发展提供强大动力。

其次，因地制宜强化公路基础设施建设，以区域经济发展带动整体经济发展。甘肃省庆阳市的公路密度远远低于第一门槛值，相关部门应该加强庆阳市的公路建设基础投资，通过提高公路密度增强庆阳市与周边地区的交通通达性，满足当地的旅游需求，促进经济的快速增长。陕西省咸阳市和渭南市的公路密度超过第二门槛值，如何实现公路从出行功能向旅游服务和消费等复合功能的转变应成为相关部门关注的重点。相关部门应该因路制宜制定总体规划，从绿化发展、文化宣传、特色服务等入手，通过打造成美丽干线公路品牌、网红服务区等手段，扩大旅游供给，提高区域经济增长。

最后，拓展"交通＋旅游"融合开发模式，建设现代化综合交通体系。关中城市群中陕西省的西安市、宝鸡市、铜川市；山西省的运城市、临汾市和甘肃省天水市、平凉市共8个城市的公路密度水平处在第一门槛值和第二门槛值之间，在公路建设完善的情况下，旅游业对经济增长的边际效应减小，如何制定公路建设规划，实现边际效应的进一步提高已成为急需解决的问题。相关部门在加大公路密度的同时，不能够忽视质量建设，通过引进交通运输新技术、推广先进运输装备等高新技术手段加快公路运输的高效、便捷、绿色、安全建设；通过规划和布局与公路运输相关的路衍经济新业态，促进公路建设与旅游协同发展，从而实现旅游业带动经济的联动发展。

5.1.3 韩国物流基础设施发展对经济增长

1. 研究结论

本书研究了韩国物流基础设施发展和经济增长之间的因果关系。研究发现，物流基础设施因素与经济增长指标之间存在一定的因果关系。具体来说，虽然其他物流因素（陆路运输和政府对物流基础设施的支出）的影响仅在与收入相关的指标上显著，但海运与国际贸易和韩国 GDP 都呈正相关。因此，本书的结果突出了海上运输基础设施发展对促进韩国经济增长的重要性。韩国是对外贸易依赖度较高的开放型经济国家，而且大部分跨境交易都是通过海运进行的（重量和价值分别为 95.1% 和 69.9%），这一结果令人瞩目。因此，为了促进韩国的经济增长，建立连接良好的海上运输网络至关重要。

此外,海运对韩国经济增长有积极影响并不一定意味着其他运输基础设施模式的重要性降低。相反,综合三种物流模式(空运、海运和陆运)和交通基础设施公共投资的实证结果表明,在全国范围内协调一个多式联运物流网络是决策的首要任务。特别是,随着近几十年来供应链管理概念的出现,优化从采购到交付再到最终用户的所有物流过程的重要性不断增加。因此,改善各种运输方式之间的连通性,对提升韩国企业的国际竞争力起到关键作用,最终促进国家的经济增长。

2. 贡献和启示

本书对文献和实践都具有重要意义。首先,为韩国物流基础设施发展与经济增长之间的因果关系提供了实证证据。以前关于这一问题的研究要么是基于区域观察,要么是基于特定的运输方式,而这项研究审查了三种主要的物流方式,即空运、海运和陆运,以及国家一级的政府支出。另外,考虑到韩国经济的支柱——国际贸易,对经济增长前景的研究结果更加全面。其次,丰富了前人关于物流经济贡献的研究。之前的研究主要集中在雇佣率、附加价值率等物流业的直接作用上,而此次研究的重点则是物流业基础设施的发展对韩国的收入和国际贸易的促进作用。最后,本书的实证结果为物流基础设施发展的决策提供了实际的启示。特别是在 2017年,韩国最大的海运公司韩进海运宣告破产后,韩国的海洋实力开始萎缩。因此,韩国政府于 2018 年公布了雄心勃勃的"航运振兴 5 年计划"。为重建韩国航运,船舶、码头投资、债务担保等项目正在按照国家计划进行。因此,海运是韩国经济增长的关键,这一发现可以为政策制定者提供物流基础设施优先发展的宝贵见解。

5.2　内陆物流经济的国际化建设方面

通过上述分析,梳理得出物理网络(场站设施、载运工具、线路能力、设备设施)、业务网络(主体责任、人事管理、人员能力)、管理网络(信息沟通、运输选择、多方协作)、环境网络(自然、市场、政治)等

4 个一级指标因素、13 个二级指标因素对西安物流经济国际化产生不同程度的影响。鉴于此,针对不同因素在实际项目中权重的不同,对不同风险因素需给予不同的关注度。以下围绕建设西安国际物流网络展开具体的风险管理对策探讨。

1. 物理网络

全力建设中欧班列(西安)集结中心是陕西西安加快补齐开放不足短板,推动"一带一路"沿线国家和地区资源共享、合作共赢、融合发展的重要平台。"一带一路"建设的重要内容是深化与沿线国家的经贸合作,故与沿线各国的政策协调尤为关键。此外,西安亟须建立亚欧国际物流通关协调机制,加强与内陆口岸、沿海沿边口岸间的通关合作。

2. 业务网络

多式联运是国际物流业务发展的基础。为了提升流动经济的发展效率,有必要做好第三方物流业等国际物流服务业的匹配工作。现代国际物流在扩大多式联运网络发展的同时,也需要从根本上提升国际物流从业人员的个人素质、综合能力。其中,金融保险服务、国际货物代理、国际结算等国际贸易全过程服务需要得到重视,还需提供在物流供应链角度上的完整运营管理,使得下单货主在第一时间内在线跟踪货物的发出与走向、实现实时全过程监控。

3. 管理网络

物流运输业长期存在的问题之一,即存在着重复运输和运输相关资源建设未能统一规划、各自为政的现象,从而导致资源浪费。近年来,国内越来越多的城市加入亚欧国际物流运输的大行业中,争抢货源、线路重复、部分空载等诸多问题愈发激烈,在一定程度上也限制了西安国际物流经济向更高水平发展。因此,整合资源势在必行。国际宏观层面亟须整合资源、集结中转大宗货物的中心平台支撑。通过信息沟通统一,打造国际物流枢纽和"中欧班列"集结中心。西安拥有全国地理几何中心的地缘优势,可极大程度整合全国物流资源,最大限度发挥国际物流枢纽的价值。

4. 环境网络

西安国际港务区是中国（陕西）自由贸易试验区三大片区中重要的组成部分，逐步成为陕西省和西安市走向国际化与现代化的前沿标志。从物理、业务网络建设的分析可以看出西安国际港务区正致力于打造中欧班列的全国集结中心以助力"走出去，请进来"倡议的实施。而随着东南沿海部分产业向中西部转移，加快了西安对外开放的步伐，加大了与周边国家双边经贸合作力度。西安必须把握时机更有力地整合市场资源，支持物流企业开拓和利用国际市场资源，不断拓展国际发展空间，同时支持优势企业通过联合或参股、收购、兼并其他物流企业等方式延伸全球服务网络。作为西北唯一国家中心城市、特大城市的西安有责任积极承担并做好物流经济国际化的重任。

5.3　亚欧物流通道运输服务贸易方面

1. 运输服务贸易整体变化趋势

随着全球科技产业化浪潮的不断发展，全球的服务贸易正逐渐由以自然资源或劳动密集型为基础的传统服务贸易向以知识技术密集型或资本密集型为基础的现代服务贸易转化，这使得运输服务这一传统服务贸易在世界服务贸易出口总额的比重呈现一定的下降趋势。如表5-1所示，世界运输服务贸易额占世界服务贸易总额的比例在近几年比较稳定。2010～2019年运输服务贸易所占比例虽有小幅下降，但是运输服务贸易仍然是服务贸易各部门中所占比例最大的部门，这也是世界各国持续关注提高运输服务贸易竞争力，加大现代物流服务体系建设的原动力所在。

表5-1　　2010～2019年世界运输服务贸易额占世界服务贸易总额比例　　单位：%

项目	2010年	2011年	2012年	2013年	2014年	2015年	2016年	2017年	2018年	2019年
所占比例	21	20	20	19	19	18	17	17	17	17

资料来源：笔者根据 UNCTAD 数据库数据计算得出。

2. 竞争力水平测算

根据式（3-15）展开亚欧通道沿线国家运输服务贸易显示性竞争优势比较分析。如样本国家显示性比较优势 RCA 指数所示（见表5-2），大多数沿线国家的运输服务贸易竞争力处于较强的水平。虽然发达国家样本组中的爱尔兰、西班牙、瑞士、英国的运输服务贸易竞争力处于很弱水平，但西班牙、瑞士、英国三国的运输服务贸易竞争力水平在2010~2019年间均呈现了不同程度的上升趋势；芬兰在2010~2014年间的运输服务贸易竞争力水平也较弱，但从2014年起已达到较强的竞争力水平；葡萄牙、立陶宛、意大利三国在2010~2019年的运输服务贸易均有极强的国际竞争力水平；而地处东亚的日本和韩国是发达国家样本组中为数不多运输服务贸易竞争力呈现下滑趋势的国家，且相比于韩国，日本在2010~2019年间，其运输服务贸易的国际竞争力已由"很强"水平下滑至"很弱"水平，这一现象值得关注。众所周知，日本和韩国均是传统的海运强国，海上运输一直是两国的主要进出口贸易运输方式。但2013年"一带一路"倡议提出之后，传统的亚欧运输不断东移，在中国设厂的日韩制造企业也不需要将产品返运至本国后再装船送往欧美市场，可直接通过"海—公—铁"多式联运为代表的亚欧物流通道运至目的地，提升了运输效率。从这方面来看，以中国为"链接键"的亚欧物流新通道正逐渐稀释地处东亚地区的日韩传统海运的优势。反观发展中国家组，不管是国土面积较大的俄罗斯、中国，还是地处东欧的罗马尼亚，三个样本国家的运输服务贸易竞争力均呈现稳定的增长趋势，其中，2010~2019年，俄罗斯和中国的运输服务贸易分别为"很强"和"较强"水平，而罗马尼亚则从"较强"跃至"很强"。作为欧洲和亚洲的衔接区域，东欧地区是亚欧通道的重要组成部分，是"中欧班列"的重要"换乘地"，也是传统海运上岸对接路上运输的主要地区，国际物流对当地经济的促进作用显而易见。因此，东欧国家融入"一带一路"建设的意愿也最为强烈，而罗马尼亚作为其中的代表国家，近十年来的经济社会发展势头良好，已成为欧盟成员国中经济增长率最高的国家之一。

表 5 - 2　　　　　　　　　　　样本国家 RCA 指数

国家	2010 年	2011 年	2012 年	2013 年	2014 年	2015 年	2016 年	2017 年	2018 年	2019 年
奥地利	1.22	1.26	1.23	1.25	1.25	1.33	1.36	1.37	1.34	1.43
克罗地亚	1.67	1.63	1.62	1.57	1.42	1.56	1.55	1.48	1.53	1.52
捷克	1.18	1.20	1.21	1.17	1.18	1.34	1.38	1.37	1.43	1.38
爱沙尼亚	1.88	1.94	1.80	1.77	1.73	1.76	1.67	1.68	1.74	1.75
芬兰	0.77	0.78	0.68	0.65	0.69	0.80	0.84	0.87	0.92	0.89
法国	1.02	1.03	1.01	0.93	0.92	0.91	0.91	0.98	0.91	0.97
德国	1.19	1.18	1.13	1.14	1.08	1.12	1.11	1.13	1.18	1.22
匈牙利	0.97	1.05	1.14	1.24	1.28	1.33	1.41	1.39	1.46	1.51
爱尔兰	0.25	0.28	0.29	0.28	0.27	0.30	0.31	0.29	0.25	0.22
意大利	7.12	6.82	6.50	6.80	6.17	5.87	6.40	6.14	5.26	5.26
日本	1.51	1.46	1.57	1.51	1.27	1.21	1.06	1.06	0.87	0.76
韩国	2.25	2.02	2.01	1.88	1.79	1.94	1.70	1.61	1.63	1.53
拉脱维亚	2.17	2.32	2.38	2.23	2.38	2.46	2.43	2.42	2.34	2.26
立陶宛	2.65	2.72	2.87	3.05	3.20	3.24	3.33	3.39	3.49	3.55
波兰	1.12	1.24	1.26	1.32	1.33	1.40	1.49	1.48	1.52	1.58
葡萄牙	6.59	6.40	6.49	6.70	6.27	6.04	5.90	5.82	5.55	5.15
斯洛伐克	1.40	1.43	1.33	1.45	1.58	1.59	1.72	1.64	1.64	1.70
西班牙	0.59	0.60	0.60	0.60	0.58	0.63	0.64	0.66	0.67	0.71
瑞典	0.96	0.93	0.95	0.94	0.86	0.90	0.82	0.98	0.92	0.80
瑞士	0.52	0.53	0.66	0.67	0.69	0.64	0.60	0.65	0.71	0.74
英国	0.48	0.50	0.54	0.53	0.55	0.59	0.50	0.48	0.47	0.53
罗马尼亚	1.19	1.28	1.27	1.46	1.53	1.74	1.79	1.72	1.69	1.75
俄罗斯	1.44	1.48	1.54	1.53	1.64	1.79	1.99	2.00	1.99	2.05
中国	0.89	0.85	0.94	0.92	0.90	0.96	0.92	0.93	0.91	0.92

资料来源：笔者根据 UNCTAD 数据库数据计算得出。

3. 脆弱性影响因素分析

根据分析结果绘制影响因素关系如图 5 - 1 所示，无论是发达国家还是发展中国家，运输业直接投资和物流基础设施的发展情况均呈现出比较重要的影响程度，而随着科技信息化程度的提升，人力资本的影响水平则逐渐减弱。当直接投资较多用于交通运输业时，物流基础设施将得到改善，构建现代化的物流体系可以减弱地理距离对国际贸易的负效应，并在一定程度上提高一国的运输服务贸易竞争力。此外，GDP 也是国际运输服务贸易竞争力的影响因素之一，但发达国家 GDP 对国际运输服务贸易竞争力的影响要高于发展中国家。一般情况下，一国经济状况越好，该国对于商品贸易的进出口需求也就越高，越有利于运输服务贸易的发生，进而导致多数发达国家运输服务贸易的竞争力呈现较大优势。

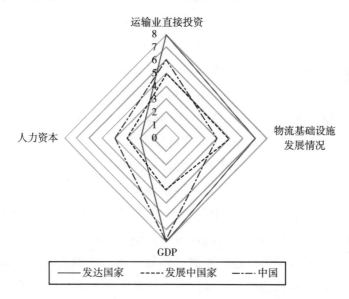

图 5 – 1　国际运输服务贸易脆弱性影响因素

相较于大多数的亚欧通道沿线国家，中国的国际运输服务贸易竞争力水平仍不明显。如图 5 – 1 所示，虽然中国的 GDP 体量较大，对货物贸易和服务贸易的进出口需求也相对较高，但与亚欧通道沿线国家相比，中国依赖人力资源的程度仍比较大，物流基础设施现代化程度较低，在一定程度上限制了运输服务贸易竞争力的发展，尤其是在加大交通运输业的直接投资比例方面，提升现代化物流服务体系还需得到足够关注。此外，中国国土面积大，相比于发达国家，中国的内陆港建设起步晚，发展方式较为粗放，导致系统规划建设水平不足，现有物流枢纽设施过于分散，物流枢纽间协同效应尚不明显。在物流枢纽的空间布局方面呈现出不均衡发展态势，西部地区明显滞后。资源整合的不充分也一定程度上限制了中国内陆港建设，尤其是物流枢纽之间缺乏有效分工，集聚和配置资源要素的作用发挥不充分现象明显。

"一带一路"明确指出要提升沿线国家互联互通水平，对交通运输基础设施提出了更高的要求，交通强国战略指明了国际运输服务贸易高质量发展方向，为提升中国在全球的影响力和话语权提供了保障。本书聚焦内陆港建设，通过结合拓展的贸易引力模型和 RCA 显性比较优势指数，研究了中国内陆港建设对亚欧通道运输服务贸易脆弱性的影响。研究表明：（1）中国内陆港吞吐量与沿线国家间的商品进出口贸易额呈现协同发展趋势。（2）多数亚欧通道沿线国家的国际运输服务贸易均具较强的竞争力水平。（3）中国内陆港建设对沿线发展中国家的国际贸易影响程度大于发达国家，对提升国际运输效率和减低贸易成本具有一定的促进作用，有利于促进沿线国家或地区间的贸易流动。

当前，中国经济已由高速增长阶段转向高质量发展阶段。内陆港建设对打造内陆改革新高地，促进中国东西部均衡发展具有重要意义。鉴于此，本书建议：（1）合理利用资源，科学布局内陆港建设。补齐物流基础设施短板，发挥物流枢纽的规模经济效应，构建高效一体的现代物流服务体系，不仅能削弱地理距离对贸易流动产生的负效应，减少贸易成本，也有助于提高物流整体运行效率和现代化水平。（2）构建"海—陆"联动机制，创新"交通—经贸"发展模式。东西部发展不均衡一直是制约我国高质量发展的重要问题。内陆港建设有利于加强内陆与沿海地区的物流互动，更好发挥干线物流通道效能，加快推进要素集聚和资源整合，可促进区域协调发展，培育中国腹地新的经济增长极。（3）面向现代物流服务体系，强化运输服务贸易竞争力。以"国家物流枢纽"建设为契机，以内陆港建设为抓手，依托物流配送干支有机衔接，对接国家综合交通运输建设，进一步降低交通运输物流成本，提高供应链整体竞争力，推进国内国际两个市场、两种资源融合联动发展，达到内陆地区"物流、经贸、产业"深度融合，是培育国际竞争新优势的有效路径。

5.4 亚欧物流通道绿色低碳可持续发展方面

5.4.1 亚欧物流通道交通运输碳排放脱钩

1. 结论

本书调查了2001~2014年亚欧物流通道中29个国家的交通运输部门发展与二氧化碳排放之间的关系。通过利用Tapio脱钩指数并分析这些目标国家的运输二氧化碳排放趋势，每个国家的脱钩状态国家可以确定。此外，本书采用LMDI分解法来衡量碳强度效应、能源强度效应、交通强度效应、经济结构效应、经济规模效应和人口规模效应对交通运输二氧化碳排放脱钩状态的影响。本书的主要结论如下：

首先，在亚欧物流通道沿线国家中，发达国家交通运输二氧化碳排放水平基本稳定，而大多数发展中国家交通运输二氧化碳排放水平在2001~2014年有所上升。这表明发达国家通过使用绿色能源、不同的交通方式、改进的高效交通方式等为降低二氧化碳排放水平所做的努力，都取得了显著成效。然而，对于大多数发展中国家来说，他们的主要发展目标是增加经济机会，为了推动经济发展，他们仍然严重依赖能源密集型的交通方式。这种态度反过来又对发展中国家的交通运输二氧化碳减排目标造成了巨大压力。

其次，2001~2014年，交通运输二氧化碳排放存在四个关键脱钩状态：扩张负脱钩、扩张耦合、弱脱钩和强脱钩。近一半的发达国家有很强的脱钩状态，交通运输碳排放与经济增长之间的联系已经很弱。尽管发展中国家的脱钩程度普遍低于发达国家，但所有国家的脱钩程度都有所改善。

最后，交通运输二氧化碳排放脱钩因素在不同地区差异很大。交通强度效应是发达国家二氧化碳减排的主要驱动力。然而，在亚洲发展中经济体，情况正好相反，交通效应有助于增加交通二氧化碳排放量。经济规模因素普遍抑制二氧化碳减排，尤其是在亚洲发展中国家。能源强度的影响在发展中国家减少交通运输二氧化碳排放方面发挥着重要作用，但在欧洲发达国家的作用较小。在过去七年中，碳强度效应帮助欧洲发展中国家大幅增加了交通运输二氧化碳排放量，同时也抑制了其他国家的交通运输二氧化碳排放量。经济结构效应抑制了欧洲发达国家和发展中国家以及亚洲发展中经济体实现交通运输二氧化碳排放脱钩，而亚洲发达经济体对交通运输二氧化碳排放脱钩的促进作用较弱。人口规模效应有助于降低欧洲发展中国家的交通运输二氧化碳排放水平，但其他目标国家的情况恰恰相反，它增加了欧洲发达国家以及亚洲发达国家和发展中国家的交通运输二氧化碳排放量。对于欧亚走廊沿线的大多数国家来说，碳强度和交通强度效应抑制了交通运输二氧化碳排放，而经济结构和人口规模效应有助于增加交通运输二氧化碳排放。

2. 政策建议

基于上述结论，本书提出促进欧亚物流走廊沿线国家交通运输二氧化碳排放脱钩的若干政策举措。由于不同国家的交通运输二氧化碳排放水平受到各种因素的影响，各国政府在制定减少交通运输二氧化碳排放的政策时应考虑具体国情。根据每个国家的经济发展水平和地理位置，本书按照被评估的四个国家类别，即欧洲发达国家、欧洲发展中国家、亚洲发达国家和亚洲发展中国家，提出了一系列建议如下。

（1）对于欧洲发达国家来说，经济结构是交通运输二氧化碳排放增加的最大原因。工业部门在欧洲发达国家中占很大比例，因此可以通过控制工业、农业和服务部门的投资种类来减少交通运输二氧化碳排放量。在经济结构方面，实施二氧化碳定价排放计划来减少排放，这可以通过引入碳税来实现，这将增加使用富含碳的能源的成本。随着时间的推移，该计划可以直观地看到投资从越来越无利可图的高污染经济部门转移到更清洁、更环保、更可持续的领域，在重组一个国家的经济足迹方面发挥着重要作用。

（2）欧洲发展中国家的碳强度水平导致交通运输二氧化碳排放增加，而能源强度大大降低了交通运输二氧化碳排放。这表明，欧洲发展中国家交通运输业的发展对能源消耗的依赖程度较低，但能源利用率较低。因此，欧洲发展中国家应考虑进一步研究提高能源效率的节能技术，从而促进交通二氧化碳排放的脱钩。

（3）在亚洲发达国家，能源强度和经济规模是导致交通运输二氧化碳排放增加的主要因素。为了降低这方面的排放水平，亚欧物流通道内的政府应制定相关政策，鼓励交通运输部门在生产过程中推广使用风能和太阳能等可再生能源。为此，可以为投资可再生能源和交通运输的企业提供税收减免。作为其中的一部分，公共和私营部门需要在研究和开发领域合作，以开发新的更高效的公共和私人交通模式。除此之外，社会所有部门都需要减少对煤炭和石油等不可再生能源的使用。此外，为了促进清洁燃料和新能源汽车的使用，政府需要投资建立适当类型的基础设施，例如为混合动力汽车提供充电站或创建鼓励公共交通使用的公交专用道。

（4）在亚洲发展中国家，公路货物运输在各类货物运输中占有很大比重。作为二氧化碳排放大国，该地区各国政府需要考虑调整交通运输网络结构，提高水运和铁路运输方式的承载率。特别是各国政府还应考虑通过中欧班列提高欧亚物流走廊沿线国家的国际货运服务水平。此外，他们可以考虑对运载道路货物的车辆实施更严格的燃油经济性标准。这方面的改进将显著减少欧亚地区的石油使用，进而刺激公共和私人对替代燃料和更高效的交通系统的投资。亚洲发展中经济体的交通基础设施建设也需要改进，以提高整个交通部门的效率水平。为有效建设合适的交通设施，还需要全面审视提升交通承载能力的途径，同时积极鼓励推动绿色、可持续的发展方式。

5.4.2 关于全球"一带一路"碳排放差异性的情况

1. 关于减少碳排放的讨论

（1）正如预期的那样，随着经济全球化的发展，51个沿线国家以交通运输业为基础的二氧化碳排放强度迅速增加，但各国表现出不同的模式。

与其他地区相比，中亚和中东国家的交通运输行业的二氧化碳排放强度在2002～2014年间已经发生了很大的改变。这表明国家在这两个地区有更多的关注环境保护，同时也关注他们的交通运输行业的发展。特别是贯穿整个欧亚大陆的欧亚大陆桥的建设取得了显著进展。始于东亚、止于欧洲的欧亚大陆国际货运列车（中欧班列）途经中亚，往返于东亚和东欧之间。2019 年，中国与欧洲之间的高铁班列人数达到 8225 人次，为年度最高水平；2011 年 3 月至 2019 年底，人数超过 1.5 万人次[①]。这样的发展突出了这两个地区间"钢铁长城"的形成。中欧班列应在沿线国家经济发展中发挥重要作用，特别是在改变沿线地区货物运输组织模式方面发挥重要作用。特别是随着中欧班列的快速发展，货物运输的组织将提高欧亚大陆桥货物运输的效率，同时提高沿线交通运输部门的二氧化碳排放水平。

然而，其他地区交通运输部门的二氧化碳排放水平不应被忽视。根据目前交通运输的二氧化碳排放情况，各国可以采取一些策略来更有效地利用能源，从而降低排放水平。

（2）制定明确的政策法规非常重要。沿线国家大多是发展中国家，主要分布在亚洲和北非。根据世界银行对国家的分类，根据收入水平，半数以上的目标国家被划分为中低收入国家或低收入国家。作为沿线产业结构调整的一部分，本书应该特别注意区域经济的互补性（Liu et al., 2018）。该地区工业经济的发展应着眼于将其核心能力从高耗能、高污染转变为高效、低碳经济（Hao et al., 2015）。以交通运输业为例，随着产业升级，一些制造业已经开始转型。例如，在中国，劳动力成本的上升已经促使一些劳动密集型产业从中国转移到东南亚或非洲。其他发展也可能反过来影响特定进出口货物运输中心的所在地。新兴经济体可以借鉴其他国家的发展经验（Shi et al., 2019；Zhang et al., 2019）。提前为重污染行业和企业制定明确的管理标准，有助于避免可能造成损害的错误。因此，交通运输行业的污染减排成本不容忽视（Cui et al., 2018；Cui, 2017）。除此之外，从立法的角度来看，实施适当的法律法规来支持低碳交通运输业的发展是非常重要的。

（3）推动沿线国家交通运输领域低碳技术创新。目前，本区域的相关技术能力存在显著差异。这种差异不仅反映在区域一级，而且从个别国家的角度来看也是明显的。一些地区社会发展水平两极分化严重。交通基础设施增加了二氧化碳排放和强度（Xie et al., 2017）。例如，在 2004 年，

---

① 2019 年中欧班列开行 8225 列 综合重箱率达到 94% ［EB/OL］. 海外网，2020 - 01 - 06.

越南和中国试图实现"一圈倡议",有力地推动了公路建设。因此,这些国家有更多的空间来减少二氧化碳排放(Mi et al.,2017)。此外,以中国为例,增加对新能源汽车的补贴,试图鼓励对新节能减排技术投资,同时大幅减少高污染、高耗能汽车的数量。要采用绿色高新技术,推动沿线新型交通基础设施建设,积极构建清洁绿色经济体系。

2. 结论

"绿色交通"已成为当今现代经济发展的主流平台。本书对2000~2014年沿线51个国家交通运输行业二氧化碳排放强度的异质性和空间相关性进行了定量分析。为在"一带一路"框架内构建绿色交通体系,准确了解国家和区域的二氧化碳排放强度趋势和特征,是整个行业降低碳排放水平的重要的第一步。本书的主要发现有三个方面:首先,我国51个目标国家的交通运输部门的二氧化碳排放强度水平已经降低。其次,除东南亚经济体外,沿线地区交通运输二氧化碳排放强度不存在显著的空间相关性。最后,这51个"一带一路"沿线国家交通运输二氧化碳排放强度的差异正在缩小。

根据本书的计算,2000~2014年,除本书所包括的7个国家的交通运输二氧化碳排放强度增加外,其余44个国家的二氧化碳排放强度水平都有所下降。而西亚、北非、蒙古国、俄罗斯和东南亚地区的大气污染水平显著高于其他4个地区。此外,大多数沿线国家都迫切需要提升自身产业能力和外贸发展水平,迫切需要在交通运输领域推广绿色能源和新能源技术应用。研究还发现,51个目标国家交通运输二氧化碳排放强度的区域平均值存在较大偏差,空间异质性的平均范围呈波动的"W"型趋势。

5.4.3 "一带一路"沿线国家交通运输碳排放脱钩

"一带一路"倡议旨在构建人类命运共同体。共同发展繁荣是核心,也需要建设高度互联互通的社区,实现"节能减排"目标,发展绿色交通产业。因此,准确了解各国的二氧化碳排放强度是降低区域二氧化碳排放水平的第一步。为此,本书分析了"一带一路"沿线国家交通运输业的二氧化碳排放强度趋势(见表5-3)。本书还采用了Tapio脱钩模型,以更好地

表 5－3　各地区国家间交通运输二氧化碳排放强度差异指数

年份	蒙古国和俄罗斯			中亚地区			西亚北非地区			中欧及东欧地区			东南亚			南亚		
	CV_t	GE_0	GE_1	CV_t	GE_0	GE_1	CV_t	GE_0	GE_1	CV_t	GE_0	GE_1	CV_t	GE_0	GE_1	CV_t	GE_0	GE_1
2000	0.148	0.011	0.011	0.838	0.590	2.335	0.987	0.370	4.390	0.519	0.120	0.122	0.414	0.151	0.103	0.819	0.286	0.280
2001	0.125	0.008	0.008	0.801	0.439	2.091	0.862	0.324	3.880	0.466	0.095	0.098	0.402	0.142	0.097	0.743	0.237	0.235
2002	0.126	0.008	0.008	0.822	0.443	2.197	0.864	0.324	3.723	0.477	0.098	0.103	0.382	0.145	0.094	0.748	0.254	0.244
2003	0.073	0.003	0.003	0.843	0.518	2.301	0.896	0.315	3.885	0.492	0.101	0.107	0.415	0.187	0.113	0.681	0.214	0.206
2004	0.143	0.010	0.010	0.771	0.435	1.872	0.649	0.254	2.025	0.507	0.104	0.112	0.420	0.204	0.116	0.474	0.134	0.117
2005	0.001	0	0	0.759	0.422	1.816	0.661	0.255	2.248	0.525	0.109	0.119	0.416	0.189	0.112	0.572	0.169	0.157
2006	0.097	0.005	0.005	0.699	0.348	1.553	0.580	0.214	1.693	0.433	0.081	0.085	0.489	0.215	0.142	0.543	0.155	0.144
2007	0.290	0.044	0.043	0.670	0.307	1.189	0.484	0.160	1.335	0.461	0.088	0.094	0.416	0.217	0.115	0.520	0.153	0.136
2008	0.235	0.028	0.028	0.844	0.445	1.884	0.504	0.160	1.437	0.485	0.097	0.104	0.436	0.171	0.114	0.539	0.158	0.143
2009	0.217	0.024	0.024	0.719	0.382	1.210	0.601	0.184	2.096	0.479	0.096	0.102	0.493	0.159	0.129	0.464	0.131	0.114
2010	0.154	0.012	0.012	0.747	0.361	1.333	0.529	0.173	1.736	0.471	0.091	0.098	0.527	0.184	0.145	0.501	0.139	0.126
2011	0.324	0.056	0.054	0.795	0.443	1.234	0.554	0.192	1.780	0.464	0.092	0.097	0.519	0.210	0.150	0.515	0.139	0.130
2012	0.391	0.083	0.079	0.748	0.340	0.625	0.487	0.171	0.820	0.485	0.102	0.106	0.550	0.254	0.172	0.618	0.192	0.181
2013	0.482	0.132	0.121	0.784	0.372	1.648	0.596	0.207	0.655	0.518	0.112	0.119	0.536	0.205	0.155	0.691	0.221	0.214
2014	0.232	0.028	0.027	0.653	0.253	0.967	0.543	0.179	1.504	0.483	0.101	0.105	0.511	0.198	0.144	0.668	0.218	0.207
平均值	0.202	0.030	0.029	0.766	0.406	1.551	0.653	0.232	2.280	0.484	0.099	0.105	0.462	0.189	0.127	0.606	0.187	0.176

理解二氧化碳排放与交通运输业整体和区域增长之间的关系。此外，利用ArcGIS，本研究能够将中欧、东欧和中亚地区交通运输业的二氧化碳排放水平可视化。此外，本书还为在特定的地方条件下采用异质性碳减排策略提供了有力的证据。研究结果补充了现有文献，并为"一带一路"低碳发展的定制政策设计提供了有益的启示。

根据本书的计算，"一带一路"沿线国家的结果极不均衡。实证分析发现：一方面，"一带一路"沿线各国交通运输二氧化碳排放强度总体呈下降趋势，且两极分化趋势明显，"W"型波动程度增大；另一方面，从2000~2014年，交通运输业的总产值和二氧化碳排放量有所增加（见表5-4）。该时期存在三种脱钩状态：弱脱钩（$0 \leq e < 0.8$）、扩张耦合（$0.8 \leq e \leq 1.2$）和扩张负脱钩（$e > 1.2$）。2000~2014年，拟合线（区域平均交通脱钩水平）的斜率不同：东亚 > 南亚 > 中亚和东部 > 中亚 > 东南亚 > 蒙古国和俄罗斯 > 西亚和北非。

表5-4 2000~2014年各区域交通运输二氧化碳排放脱钩趋势

年份	蒙古国和俄罗斯				中亚			
	% CO_2	% GDP	e	脱钩状态	% CO_2	% GDP	e	脱钩状态
2000~2001	0.031	0.035	0.886	扩张耦合	-0.001	0.094	-0.011	强脱钩
2001~2002	0.016	0.053	0.302	弱脱钩	0.035	0.081	0.432	弱脱钩
2002~2003	0.053	0.070	0.757	弱脱钩	0.025	0.090	0.278	弱脱钩
2003~2004	0.067	0.048	1.396	扩张负脱钩	0.030	0.093	0.323	弱脱钩
2004~2005	0.002	0.074	0.027	弱脱钩	-0.033	0.100	-0.330	强脱钩
2005~2006	0.032	0.098	0.327	弱脱钩	0.031	0.100	0.310	弱脱钩
2006~2007	0.005	0.120	0.042	弱脱钩	0.108	0.112	0.964	扩张耦合
2007~2008	0.079	0.067	1.179	扩张耦合	0.023	0.034	0.676	弱脱钩
2008~2009	-0.082	-0.055	1.491	衰退脱钩	-0.115	-0.009	12.778	衰退脱钩
2009~2010	0.060	0.037	1.622	扩张负脱钩	0.047	0.073	0.644	弱脱钩
2010~2011	0.030	0.037	0.811	扩张耦合	0.070	0.085	0.824	扩张耦合
2011~2012	0.022	0.041	0.537	弱脱钩	0.061	0.086	0.709	弱脱钩
2012~2013	0.012	0.027	0.444	弱脱钩	-0.022	0.070	-0.314	强脱钩
2013~2014	-0.024	0.013	-1.846	强脱钩	0.005	0.064	0.078	弱脱钩

续表

年份	西亚和北非				中部和东部			
	% CO$_2$	% GDP	e	脱钩状态	% CO$_2$	% GDP	e	脱钩状态
2000 ~ 2001	− 0.007	0.025	− 0.280	强脱钩	0.064	0.044	1.455	扩张负脱钩
2001 ~ 2002	0.039	0.046	0.848	扩张耦合	0.027	0.039	0.692	弱脱钩
2002 ~ 2003	0.046	0.038	1.211	扩张负脱钩	0.035	0.049	0.714	弱脱钩
2003 ~ 2004	0.074	0.082	0.902	扩张耦合	0.072	0.054	1.333	扩张负脱钩
2004 ~ 2005	0.032	0.051	0.627	弱脱钩	0.036	0.050	0.720	弱脱钩
2005 ~ 2006	0.061	0.061	1.000	扩张耦合	0.040	0.059	0.678	弱脱钩
2006 ~ 2007	− 0.041	0.072	− 0.569	强脱钩	0.100	0.083	1.205	扩张负脱钩
2007 ~ 2008	0.075	0.024	3.125	扩张负脱钩	0.042	0.035	1.220	扩张负脱钩
2008 ~ 2009	0.049	0.030	1.633	扩张负脱钩	− 0.081	− 0.017	4.765	衰退脱钩
2009 ~ 2010	0.013	0.042	0.310	弱脱钩	0.037	0.021	1.762	扩张负脱钩
2010 ~ 2011	0.024	0.047	0.511	弱脱钩	− 0.011	0.031	− 0.355	强脱钩
2011 ~ 2012	0.088	0.045	1.956	扩张负脱钩	− 0.025	0.039	− 0.641	强脱钩
2012 ~ 2013	0.002	0.060	0.033	弱脱钩	− 0.026	0.024	− 1.083	强脱钩
2013 ~ 2014	0.063	0.047	1.340	扩张负脱钩	− 0.026	0.012	− 2.167	强脱钩

年份	东南亚				南亚			
	% CO$_2$	% GDP	e	脱钩状态	% CO$_2$	% GDP	e	脱钩状态
2000 ~ 2001	0.069	0.043	1.605	扩张负脱钩	− 0.005	0.057	− 0.088	强脱钩
2001 ~ 2002	0.032	0.052	0.615	弱脱钩	0.017	0.072	0.236	弱脱钩
2002 ~ 2003	0.042	0.054	0.778	弱脱钩	0.040	0.067	0.597	弱脱钩
2003 ~ 2004	0.067	0.071	0.944	扩张耦合	0.060	0.077	0.779	弱脱钩
2004 ~ 2005	− 0.022	0.065	− 0.338	强脱钩	0.038	0.096	0.396	弱脱钩
2005 ~ 2006	− 0.075	0.064	− 1.172	强脱钩	0.033	0.088	0.375	弱脱钩
2006 ~ 2007	0.055	0.085	0.647	弱脱钩	0.132	0.088	1.500	扩张负脱钩
2007 ~ 2008	0.077	0.055	1.400	扩张负脱钩	0.131	0.092	1.424	扩张负脱钩
2008 ~ 2009	0.130	0.029	4.483	扩张负脱钩	0.060	0.088	0.682	弱脱钩
2009 ~ 2010	0.027	0.067	0.403	弱脱钩	0.025	0.081	0.309	弱脱钩
2010 ~ 2011	0.174	0.062	2.806	扩张负脱钩	0.085	0.060	1.417	扩张负脱钩
2011 ~ 2012	0.065	0.064	1.016	扩张耦合	0.063	0.073	0.863	扩张耦合
2012 ~ 2013	− 0.074	0.059	− 1.254	强脱钩	− 0.003	0.067	− 0.045	强脱钩
2013 ~ 2014	0.002	0.049	0.041	弱脱钩	0.052	0.081	0.642	弱脱钩

年份	东亚				所有国家			
	% CO_2	% GDP	e	脱钩状态	% CO_2	% GDP	e	脱钩状态
2000～2001	-0.010	0.082	-0.122	强脱钩	0.018	0.050	0.362	弱脱钩
2001～2002	0.100	0.110	0.909	扩张耦合	0.044	0.066	0.663	弱脱钩
2002～2003	0.131	0.113	1.159	扩张耦合	0.065	0.070	0.927	扩张耦合
2003～2004	0.137	0.099	1.384	扩张负脱钩	0.085	0.077	1.106	扩张耦合
2004～2005	0.058	0.106	0.547	弱脱钩	0.027	0.077	0.355	弱脱钩
2005～2006	0.081	0.123	0.659	弱脱钩	0.039	0.088	0.447	弱脱钩
2006～2007	0.050	0.146	0.342	弱脱钩	0.040	0.106	0.375	弱脱钩
2007～2008	0.122	0.087	1.402	扩张负脱钩	0.092	0.062	1.477	扩张负脱钩
2008～2009	0.003	0.117	0.026	弱脱钩	0.019	0.052	0.368	弱脱钩
2009～2010	0.088	0.091	0.967	扩张耦合	0.047	0.065	0.723	弱脱钩
2010～2011	0.089	0.089	1.000	扩张耦合	0.074	0.064	1.161	扩张耦合
2011～2012	0.099	0.096	1.031	扩张耦合	0.069	0.069	0.992	扩张耦合
2012～2013	0.048	0.100	0.480	弱脱钩	0.004	0.070	0.057	弱脱钩
2013～2014	0.024	0.090	0.267	弱脱钩	0.024	0.063	0.383	弱脱钩

由于各国的产业构成、发展阶段和地理位置差异较大，相应的减排策略也有所不同。众所周知，"一带一路"沿线国家大多是发展中国家。因此，本书建议，为了实现交通运输领域的二氧化碳减排目标，政府不仅需要考虑自身的减排倾向，还需要结合不同地区交通运输能力和基础设施的差异。例如，绿色交通政策应侧重于东亚工业国家的第三产业和西亚能源密集型经济体，而侧重于东南亚以旅游服务为基础的国家，以实现整个地区的经济结构更加平衡。此外，应将更多的公共资源分配给绿色交通研究和开发活动，特别是在发达经济体。而在发展中国家，需要进行的改革则涉及更基本的运输基础设施问题。最后，由于不同地理位置的国家有不同的优先事项和限制，应该制定绿色交通政策，以解决特定的经济专业化区域问题，并支持低碳发展的替代路径。

5.5 "一带一路"互联互通"交通—经贸"模式创新发展方面

枢纽经济是指充分利用地理枢纽或交通枢纽,吸引资金、人才、技术和信息等各类要素向枢纽地区集聚,实现相关产业快速发展壮大、赢得多种经济辐射的经济模式。枢纽经济与区域经济、城市发展的目标和方向结合在一起,将成为拉动地方经济,带动整个大经济区、大城市群、大产业带发展的重要引擎。其中,枢纽一词多指重要的部分,事物相互联系的中心环节,也指重要的地点或事物关键之处。枢纽在《辞海》中解释为:要冲,事物的关键之处。依据"核心—边缘"理论,中心城市是枢纽经济的重要载体。城市与城市之间,枢纽凝聚着区域经济发展的多种潜能。全世界35个国际大都市中有31个是依托交通枢纽发展起来的,全球财富的一半集中在交通枢纽发达的城市①。而内陆港作为内陆地区枢纽经济的载体,是沿海港口在内陆经济中心城市的支线港口和现代物流的操作平台,为内陆地区经济发展提供方便快捷的国际港口服务,有力地推动了区域经济的发展。

首先,促进物流资源整合和物流产业集聚。内陆港的建设有利于整合分散的物流资源,使物流资源得以集中,以发挥其协同作用的效应。同时,利用内陆港的聚合力,可以吸引各类物流企业入驻,为社会提供各种物流服务,吸引工商企业在内陆港设立配送中心、采购中心、物流中心等分支机构,为企业自身及客户提供相关服务。通过内陆港这个平台,能够吸引和集聚各类物流资源,促使区域的物流资源得到有效整合,为客户提供一体化的物流服务。通过物流资源的整合和集聚,形成较大规模的物流产业集聚,提高区域物流业的发展水平,从而降低物流服务交易成本,提高物流服务交易效率。

其次,有利于实现效率与利益的最大化。内陆港作为一种新的运输组织方式,其集聚辐射功能是显而易见的,蕴含着效率与利益的双重优越

---

① 用好"枢纽+",享获"滚雪球效应"[EB/OL]. 新华日报, 2018 - 06 - 05.

性。交通运输部在推进综合货运枢纽站场建设方面,大力支持港口、公路、铁路各种方式货运枢纽场站的联合布局,以促进货运的"无缝衔接",提高货运的效率。内陆港对于内陆集装箱运输过程的优化具有重大作用,不仅可以大大降低货主企业库存,减少流动资金占用,而且还可以降低流通费用,从而保证内陆集装箱物流有序运转。

再次,实现"一站式"服务。建设"内陆港"后,内陆地区的货物可以实现一站式报关、报验、订舱、集疏运、储运、包装、分送等,实现内陆地区与沿海港口的"无缝对接",使沿海港口的运输、装卸、物流服务功能进一步延伸至货源腹地。海铁联运通过铁路把沿海港口与内陆省份衔接起来,海关、检验检疫等关口前移,实现"内地报关、口岸转关""一次报关、一次查验、一次放行",不仅使货物运输出海的时间大大缩短,且因海铁联运的集装箱规格是统一的,这样又节省了一笔集装箱的费用。

最后,促进内陆地区外向型经济的发展。内陆地区国际经贸的发展需要便利的国际物流通道作支撑。当前,内陆地区在吸引投资方面具有地价低、人力资源成本低等诸多优势,但由于地处内陆,货物在进出口环节上手续多、时间长、物流成本高。内陆港使内陆城市有了便捷的国际物流通道,减少了进出口货物的中转环节、加快了通关速度,为当地的国际贸易提供了方便的口岸与物流综合服务,提高了内陆城市的对外开放水平。同时国际陆港还有助于内陆城市发展外向型经济。一些内陆地区有了直通境外的内陆港后,会吸引众多投资商的眼球。

综上所述,内陆港建设可促进互利共赢,有助于多赢局面的实现。首先,建设陆港有利于扩大沿海港口的经济腹地,保证沿海港口物流供应链顺畅;同时,进一步提升沿海港口城市的集聚和辐射功能,推动区域经济发展。其次,对于陆港城市来说,可以拉动当地经济,实现城市间的共同发展。内陆港项目将对当地城市有着长远的经济和社会影响:一方面,有利于贸易量和经济水平的提高,将内陆港所在城市的区位优势延伸为具有沿海国际性港口城市的优势,实现区域优势的突破性飞跃,为开放型经济发展构筑更广阔的平台;另一方面,有利于内陆港所在城市物流业及相关服务业的快速发展,为综合性物流中心的迅速崛起奠定坚实基础。因此,内陆港的一站式"无缝对接"服务,给港口、货主、铁路、内陆城市等各方带来利好。

5.5.1　中国内陆港建设对东北亚地区经贸发展影响

1. 研究结论

基于 2000~2018 年同处于东北亚经济圈内的中国、俄罗斯、日本、韩国的数据，本研究利用引力模型，探讨了中国内陆港建设对东北亚地区经贸发展的影响。研究发现，当内陆港达到一定规模后，其数量变化与两国之间的双边进出口贸易额变化呈现一致趋势。这一结果进一步验证了物流基础设施建设对贸易发展的促进作用，同时也说明了内陆港建设对区域经济发展具有一定的驱动效应。本研究还发现，自 2013 年"一带一路"倡议提出后，中国与俄罗斯、日本、韩国之间的双边进出口贸易额一直呈现稳步上升的发展趋势，并与中国内陆港的数量变化呈现一致态势。

2. 研究启示

本书的主要研究启示有：（1）中国应科学推进内陆物流基础设施的布局和建设，进而促进国内经济均衡发展。尤其是作为陆路运输的主要出入境口岸，中国的西北丝绸之路经济带省区和东北地区的陆港枢纽布局和建设需要格外关注。（2）考虑物流产业聚集效应的存在，内陆港建设与区域产业调整的关系还需要得到政府的足够关注。（3）鉴于内陆港建设对经贸发展的促进作用，"一带一路"的"交通—经贸"走廊模式研究需要得到关注。通过推进"物流、经贸、产业"协同发展，可有效巩固我国世界第二大经济体和第一大货物贸易国的地位。

5.5.2　内陆港建设对中韩双边贸易影响

本书的结果具有以下两个重要的学术和实践意义：

（1）本书探讨内地港建设对中韩双边贸易的经济贡献，这是开展内陆港口建设对经贸往来影响的首次尝试。鉴于韩国是一个开放型经济体，贸易依存度（进出口总额除以名义 GDP）高达 70.4%，99.7% 的国际贸易由海运提供服务，海上运输一直被视为推动中韩贸易的核心要素，如李太宇等（Lee Tae-Woo et al.，2018）所指出，海港和内陆港口之间的连通性可以促进双边贸易。以国内的江苏省连云港港口集团为例，公司的中韩轮渡、中韩陆海联运甩挂运输等业务，在疫情期间也有显著增长。而本书强调的是，内陆港口作为现代物流系统的重要组成，对协调货物从运输链源头到最终用户之间的实际流动，尤其是促进中韩两国经贸合作具有密切关系。

（2）内陆港建设与中韩双边贸易流动之间的正相关关系的发现，也为今后的研究提供了有价值的启示。例如，审视内陆港建设对国家（或地区）的影响至关重要。正如维特、维格曼和尼（Witte，Wiegmans and A. K. Y. Ng，2019）所述，内陆港口的研究在地理环境中日益多样化，尤其是欧洲（Lattila et al.，2013；Santos and Soares，2017）。因此，内陆港建设的经济贡献很可能因其地理位置或经营特点而异。此外，内陆港能否成为发展中国家和欠发达地区经济增长的催化剂，也是一个值得探讨的问题。

第6章

研究结论

构建"一带一路"互联互通"交通—经贸"可持续发展模式,既是我国交通强国战略实现的重要组成,也是国家经贸对外发展的现实需求。我国作为世界第一大货物贸易国,内陆经济腹地广阔。在全球化和物流供应链兴起背景下,"一带一路"不仅是物资运输通道,还承担着我国经贸对外交流的重任,让世界分享中国发展成果、实现共同繁荣。在此背景下,构建国家"交通—经贸"体系,逐步推动供应链服务变革、要素生产效率变革、投入产出动力变革,可实现内陆地区"物流、经贸、产业"协同发展,进而反哺经济高质量发展,具有鲜明的时代特征和现实意义。

1. 增强内陆城市参与国际经贸的综合竞争力

围绕《关于建立更加有效的区域协调发展新机制的意见》等国家发展战略规划,充分发挥我国西部城市在区位、综合交通、市场需求、原料资源等基础条件方面的优势,通过域内不同城市之间的承接产业转移,实现生产要素和资源的高效配置。

同时,聚焦《国家物流枢纽布局和建设规划》《"十四五"推进西部陆海新通道高质量建设实施方案》,做好亚欧东西双向互济核心区建设,加快建设内陆改革开放新高地,探索西部地区对外经贸新模式和新增长极,可促进国家内陆物流枢纽与现代综合交通运输体系顺畅衔接、协同发展，对于增强内陆城市参与国际经贸的综合竞争力具有重要意义。

2. 推进内外物流产业联动新局面

"一带一路"倡议的提出和中欧班列的兴起，为全球的物流供应提供了新的实现途径。

"一带一路"互联互通"交通—经贸"模式对中欧班列提质增效、构建内地对外开放新格局作用显著。可实现我国经济腹地与国际市场的直接对接，为地区产业结构的调整和升级提供了强有力的支撑。

3. 力促交通运输转型升级

中欧班列延续了古老驼队的运输、沟通交流作用，成为践行"交通—经贸"的推动力量之一。随着中欧班列的集结效应日益凸显，带动了内陆物流枢纽的"陆、海、空"综合运输发展。依托"多式联运、无缝对接"，以国际贸易物流配送为抓手，我国中西部城市逐渐形成了门类齐全的现代服务业体系，正在成为"一带一路"上极具吸引力的内陆型国际中转枢纽港、经贸物流集散地，有力地推进了从单一陆港向"一带一路"互联互通"交通—经贸"综合枢纽的转变。

4. 提升交通运输要素高效聚集

近年来，内陆港也成为在华外资企业重要的货物集散地。一批全球领军的货物及制造、加工企业由此看到了内陆港的集散优势，开始以此为枢纽打造更多的国际货物集散中转模式。

陆海联运班列的开行，标志着内陆物流枢纽城市将更加紧密地与沿海港口合作，中欧班列通过承接海港的物流资源，也加强了与《区域全面经济伙伴关系协定》（RCEP）成员国家和地区之间的经贸合作，形成串联亚欧大陆的黄金物流干线。新时期的内陆港已成为我国经济腹地交通运输要素的高效聚集地，对促进"一带一路"多式联运发展，带动区域新兴产业培育，助推内陆改革开放新高地具重要意义。优化完善国际物流通道，加强国际货运能力建设，加快形成内外联通、安全高效的物流网络，保障国际物流供应链体系安全畅通，推动"一带一路"交通互联互通高质量发展。

参 考 文 献

[1] 曹广喜，刘禹乔，周洋. 长三角地区制造业碳排放脱钩研究 [J]. 阅江学刊，2015，7 (2)：37 - 44.

[2] 曹蓄温. "新丝绸之路经济带" 背景下国家物流绩效对我国农产品进口的影响测度 [J]. 商业经济研究，2021 (16)：163 - 166.

[3] 陈文玲，梅冠群. "一带一路" 物流体系的整体架构与建设方案 [J]. 经济纵横，2016 (10)：19 - 26.

[4] 陈艳芳. 城市轨道交通系统脆弱性评价研究 [D]. 重庆：重庆交通大学，2021.

[5] 崔琦，杨波，魏玮. 中国与东盟国家交通基础设施互联互通的经贸影响——基于 GTAP 模型的研究 [J]. 技术经济与管理研究，2020 (10)：88 - 93.

[6] 崔岩，于津平. "一带一路" 国家交通基础设施质量与中国货物出口 [J]. 当代财经，2017 (11).

[7] 丁正山，秦东丽，胡美娟. 旅游发展对产业结构升级的影响及门槛效应——以长三角 41 个城市为例 [J]. 文化产业研究，2020 (1)：166 - 180.

[8] 段沛佑，于芮华，郭振金. 供应链体系建设协同双循环创新发展的思考 [J]. 物流科技，2020，43 (11)：140 - 142，170.

[9] 樊桦. 依托新亚欧大陆桥 深化中韩经贸与交通合作 [J]. 宏观经济管理，2014 (8)：38 - 41.

[10] 方行明，鲁玉秀，魏静. 中欧班列开通对中国城市贸易开放度的影响——基于 "一带一路" 建设的视角 [J]. 国际经贸探索，2020，36 (2)：39 - 55.

[11] 费少卿. 以协同效应加快打造关中国际物流枢纽 [J]. 国际经

济合作，2020（2）：59 – 67.

[12] 冯宗宪. 中国向欧亚大陆延伸的战略动脉——丝绸之路经济带的区域、线路划分和功能详解 [J]. 人民论坛·学术前沿，2014（4）：79 – 85.

[13] 高佩，姚红光. 中国综合运输网络拓扑结构及其鲁棒性研究 [J]. 武汉理工大学学报（交通科学与工程版），2018，42（5）：825 – 830.

[14] 高炜，唐恬，王超，姚晓霞，李一帆. "双循环" 格局下中国内陆物流经济国际化风险及应对策略 [J]. 长安大学学报（社会科学版），2021，23（3）：46 – 55.

[15] 高赢. "一带一路" 沿线国家低碳绿色发展绩效研究 [J]. 软科学，2019，33（8）：78 – 84.

[16] 龚新蜀，张洪振. 物流产业集聚的经济溢出效应及空间分异研究——基于丝绸之路经济带辐射省份面板数据 [J]. 工业技术经济，2017，36（3）：13 – 19.

[17] 管亚梅，李园园. "一带一路" 战略下碳审计的实施策略 [J]. 会计之友，2016（14）：116 – 118.

[18] 归秀娥. 对中韩贸易发展潜在性问题的思考 [J]. 西安财经学院学报，2017，30（3）：118 – 122.

[19] 郭爱君，毛锦凰. 丝绸之路经济带：优势产业空间差异与产业空间布局战略研究 [J]. 兰州大学学报（社会科学版），2014，42（1）：40 – 49.

[20] 郭清娥，汤文莹. "一带一路" 部分节点城市物流业效率评价 [J]. 物流技术，2018，37（5）：50 – 53.

[21] 韩言虎，耿亚芳. 基于 FISM 的多式联运网络风险结构模型研究 [J]. 公路交通科技，2018，35（9）：152 – 158.

[22] 韩豫，成虎，赵宪博等. 基于脆弱性的城市轨道交通运营安全理论框架 [J]. 城市轨道交通研究，2012，15（11）：15 – 19.

[23] 黄继梅，车国旺，陈进强. 国际物流与跨境电商的互动效应及其驱动因素 [J]. 商业经济研究，2021（23）：133 – 137.

[24] 黄洁，白捷伊，王小腾，刘名多. 云南物流效率的滇缅贸易效应研究——基于贸易引力模型的实证分析 [J]. 科技与经济，2017，30（3）：85 – 89.

[25] 黄仁刚. "一带一路"背景下粤港澳大湾区港口物流发展问题研究 [J]. 价格理论与实践, 2020 (12): 148-151.

[26] 计明军, 田爽, 施运发, 温都苏. 中蒙跨境电商与国际物流协同发展演化分析 [J]. 铁道运输与经济, 2022, 44 (2): 16-24.

[27] 蒋随. 我国"一带一路"节点城市物流效率评价与提升策略 [J]. 商业经济研究, 2020 (15): 90-93.

[28] 孔庆峰, 赵佳佳. 基于增加值出口视角的中欧双边贸易分析 [J]. 山东财经大学学报, 2019, 31 (4): 5-18, 12.

[29] 李国旗, 金凤君, 刘思婧. 物流枢纽形成的驱动力与演化机理 [J]. 经济地理, 2015, 35 (4): 84-89.

[30] 李红昌, 徐鑫, 崔金丽. "一带一路"背景下新亚欧大陆桥对新疆与中亚国家国际贸易的影响——基于走廊绩效及运输费用的分析 [J]. 铁道经济研究, 2021 (2): 1-7, 14.

[31] 李杰梅, 杨晓春, 吴浩, 杨扬. 我国西南地区与东南亚地缘经济关系的外贸效应 [J]. 地域研究与开发, 2021, 40 (2): 13-19.

[32] 李凯. 我国国际内陆枢纽竞争力研究 [D]. 郑州航空工业管理学院, 2018.

[33] 李平. 基于 DEA 分析法的港口物流效率测评研究 [J]. 物流科技, 2020, 43 (1): 102-105.

[34] 李青. 多层网络耦合视角下城市地铁网络脆弱性动态演化研究 [D]. 西安: 西安理工大学管理学院, 2020.

[35] 李兴平, 程浩, 张维. "一带一路"内陆节点城市低碳经济发展比较研究 [J]. 老区建设, 2019 (22): 31-35.

[36] 梁晨, 刘小娟, 龚艳侠, 赵琨, 温卫娟. 京津冀多枢纽混合轴辐式物流网络的构建 [J]. 中国流通经济, 2019, 33 (6): 118-126.

[37] 林发勤, 刘梦珣, 吕雨桐. 双循环新发展格局下区域经济一体化策略——兼论 RCEP 潜在影响 [J]. 长安大学学报 (社会科学版), 2021, 23 (1): 80-92.

[38] 刘德智, 邓晓雅. "丝绸之路经济带"沿线国家物流效率测量研究 [J]. 长安大学学报 (社会科学版), 2020, 22 (1): 9-18.

[39] 刘荷，王健．基于轴辐理论的区域物流网络构建及实证研究
[J]．经济地理，2014，34（2）：108 – 113．

[40] 刘铁民，朱慧，张程林．略论事故灾难中的系统脆弱性——基于
近年来几起重特大事故灾难的分析 [J]．社会治理，2015，4（4）：65 – 70．

[41] 刘晓宇，杨斌，黄振东．中欧班列沿线贸易 – 物流网络结构优
化分析 [J]．铁道运输与经济，2021，43（4）：54 – 60．

[42] 刘育红．"新丝绸之路"经济带交通基础设施投资与经济增长
的动态关系分析 [J]．统计与信息论坛，2012，27（10）：64 – 70．

[43] 陆华，汪鸣，杜志平．中国与"一带一路"沿线中东欧国家物
流绩效对比分析 [J]．中国流通经济，2020，34（3）：55 – 65．

[44] 陆化普．交通与土地利用一体化的主要内容与实现途径 [J]．
综合运输，2015，37（7）：28 – 33．

[45] 吕文红，王国娟，王鹏飞．基于复杂网络的交通运输网络可靠
性研究进展 [J]．科学技术与工程，2019，19（24）：26 – 33．

[46] 麻黎黎．"一带一路"沿线物流枢纽网络体系建设研究 [J]．
中小企业管理与科技（上旬刊），2021（2）：124 – 125．

[47] 马莉莉，张亚斌，王瑞．丝绸之路经济带：一个文献综述 [J]．
西安财经学院学报，2014，27（4）：63 – 69．

[48] 马颖．城市交通生命线系统及其脆弱性的内涵和后果表现分析
[J]．价值工程，2006，25（12）：17 – 21．

[49] 牛进．"一带一路"节点城市（郑州）物流效率分析 [J]．西
部皮革，2018，40（14）：59 – 60．

[50] 彭广宇，王林．论中韩物流竞争力的影响因子分析 [J]．东疆
学刊，2017，34（2）：56 – 60．

[51] 彭佳雯，黄贤金，钟太洋，赵雲泰．中国经济增长与能源碳排
放的脱钩研究 [J]．资源科学，2011，33（4）：626 – 633．

[52] 秦娜．产业协同集聚、物流绩效与贸易开放——基于"一带一
路"沿线国家的实证 [J]．商业经济研究，2022（5）：151 – 153．

[53] 荣朝和．论运输业发展阶段及其新常态和供给侧改革 [J]．综
合运输，2016，38（12）：1 – 6，10．

[54] 沈子杰. 扩展引力模型下跨境物流绩效对我国出口贸易的影响效应——基于"一带一路"沿线国家样本的实证 [J]. 商业经济研究, 2019 (16): 146 – 149.

[55] 盛斌, 苏丹妮, 邵朝对. 全球价值链、国内价值链与经济增长: 替代还是互补 [J]. 世界经济, 2020, 43 (4): 3 – 27.

[56] 苏丹妮, 盛斌, 邵朝对, 陈帅. 全球价值链、本地化产业集聚与企业生产率的互动效应 [J]. 经济研究, 2020, 55 (3): 100 – 115.

[57] 孙金彦. 中韩自贸区贸易创造效应研究——基于合成控制法的实证分析 [J]. 价格理论与实践, 2020 (2): 168 – 171.

[58] 孙启鹏, 郭小壮, 蒋文静, 等. 中国省域货物运输效率评价及时空演化研究——以"一带一路"为背景 [J]. 工业技术经济, 2018, 37 (4): 53 – 61.

[59] 陶章, 乔森. "一带一路"国际贸易的影响因素研究——基于贸易协定与物流绩效的实证检验 [J]. 社会科学, 2020 (1): 63 – 71.

[60] 佟家栋, 刘程, 张俊美. "双循环"的逐步实施与战略转型 [J]. 南开学报 (哲学社会科学版), 2021 (1): 1 – 7.

[61] 佟家栋. RCEP与双循环新发展格局的构建笔谈 [J]. 长安大学学报 (社会科学版), 2021, 23 (2): 23.

[62] 万欣. 基于乘客行为的地铁车站运行脆弱性分析与评估研究 [D]. 南京: 东南大学管理学院, 2016.

[63] 汪彬, 陈耀. 国内旅游业发展与区域经济增长——基于中国285个地级市的实证研究 [J]. 经济问题探索, 2017, (12): 62 – 72.

[64] 汪同三. "一带一路"研究 一个全新的视阈——评《新亚欧大陆桥: 从国际运输通道到经济走廊》[J]. 大陆桥视野, 2019 (2): 43 – 46.

[65] 王保忠, 何炼成, 李忠民. "新丝绸之路经济带"一体化战略路径与实施对策 [J]. 经济纵横, 2013 (11): 60 – 65.

[66] 王超, 李一帆, 顾永恒, 姚晓霞, 常佳, 丛晓男. 中国内陆港建设对亚欧通道运输服务贸易脆弱性影响研究 [J]. 长安大学学报 (社会科学版), 2022, 24 (2): 69 – 77.

[67] 王超, 向爱兵. 中国内陆港建设对东北亚地区经贸发展的影响

研究 [J]. 宏观经济研究，2021，(8)：99-106.

[68] 王超，姚晓霞，顾永恒，李一帆，S. T LAB. "一带一路"交通经贸模式发展分析与对策建议 [J]. 交通建设与管理，2021 (5)：40-41.

[69] 王欢芳，胡振华. 中国制造行业发展与碳排放脱钩测度研究 [J]. 科学学研究，2012，30 (11)：1671-1675.

[70] 王景敏，崔利刚. 西部陆海新通道沿线省份物流效率的时空演进及影响因素——基于沿线省份面板数据的实证分析 [J]. 重庆理工大学学报（自然科学），2021，35 (12)：243-255.

[71] 王晓娟，田慧，孙小军. 交通基础设施建设对省份进口的影响——来自公路与铁路里程数的证据 [J]. 宏观经济研究，2019 (11)：158-165.

[72] 文思涵，张军. 基于选址——运输路线的中欧班列国际运输网络优化研究 [J]. 重庆工商大学学报（自然科学版），2018，35 (4)：88-96.

[73] 伍佳妮. 国际陆港网络化成长的理论基础与路径探索 [J]. 城市发展研究，2017，24 (10)：111-116.

[74] 谢雨蓉，高咏玲，王庆云. 经济全球化背景下的国际物流格局演变 [J]. 宏观经济研究，2020 (2)：102-111.

[75] 徐梅. 中日经贸关系的新动向及发展趋势 [J]. 日本问题研究，2018 (3).

[76] 徐习军. 新亚欧大陆桥运输现状、问题与对策 [J]. 大陆桥视野，2013 (4)：46-51.

[77] 许葭. 城市轨道交通系统网络脆弱性研究 [D]. 北京：北京交通大学，2020.

[78] 许娇，陈坤铭，杨书菲，林昱君. "一带一路"交通基础设施建设的国际经贸效应 [J]. 亚太经济，2016 (3)：3-11.

[79] 闫柏睿，李倩. 基于物流绩效指数的 RCEP 国家物流发展比较 [J]. 中国流通经济，2021，35 (3)：21-30.

[80] 杨山峰. "一带一路"下我国物流枢纽建设实证研究——以郑州空港为例 [J]. 商业经济研究，2021 (12)：107-109.

[81] 岳嘉嘉. 中欧班列在"一带一路"国际物流体系中的作用及其发展策略分析 [J]. 城市轨道交通研究，2022，25 (3)：246-247.

[82] 曾俊伟，张善富，钱勇生，等. 基于复杂网络的城市公共交通网络连通可靠性分析 [J]. 铁道运输与经济，2017，39 (6)：93 – 97.

[83] 曾美艳，段正梁，耿长伟. 关中城市群旅游经济网络结构研究 [J]. 城市学刊，2018，39 (4)：62 – 69.

[84] 詹承豫. 中国应急管理体系完善的理论与方法研究——基于"情景—冲击—脆弱性"的分析框架 [J]. 政治学研究，2009 (5)：92 – 98.

[85] 张国伍. 路带经济中的综合交通运输发展——"交通 7 + 1 论坛"第三十六次会议纪实 [J]. 交通运输系统工程与信息，2014，14 (5)：1 – 9，243.

[86] 张娟娟，王会宗. 物流业与商贸流通业协同发展：文献综述与实证分析 [J]. 商业经济研究，2019 (13)：25 – 28.

[87] 张梦婷，钟昌标. 跨境运输的出口效应研究——基于中欧班列开通的准自然实验 [J]. 经济地理，2021，41 (12)：122 – 131.

[88] 张鹏. 快速成长的中国大陆物流市场——基于两岸三地经贸与交通合作的分析 [J]. 物流技术，2009，28 (2)：47 – 51.

[89] 张晟义，陈明月. 乌鲁木齐国际陆港物流效率评价及对策研究 [J]. 物流科技，2022，45 (1)：28 – 34.

[90] 张武康. 大西安构建"一带一路"国际物流中心策略探析 [J]. 商业经济研究，2020 (5)：163 – 167.

[91] 张子扬，曹荣光. "一带一路"倡议下国际物流通道建设及其区域空间效应 [J]. 商业经济研究，2021 (19)：158 – 161.

[92] 郑晓晏，盛新宇. 当前国际物流研究述评 [J]. 商业经济研究，2018 (4)：90 – 92.

[93] 周灵. 绿色"一带一路"建设背景下西部地区低碳经济发展路径——来自新疆的经验 [J]. 经济问题探索，2018 (7)：184 – 190.

[94] 周学仁，张越. 国际运输通道与中国进出口增长——来自中欧班列的证据 [J]. 管理世界，2021，37 (4)：52 – 63，102，164 – 167.

[95] 朱显平，邹向阳. 中国—中亚新丝绸之路经济发展带构想 [J]. 东北亚论坛，2006 (5)：3 – 6.

[96] 庄妍，杨小杰. 国家物流枢纽及"一带一路"综合试验区建设

路径研究 [J]. 物流工程与管理, 2021, 43 (7): 27 - 30.

[97] André M. , Hammarström U. Driving speeds in Europe for pollutant emissions estimation [J]. Transport Res. Transport Environ. , 2000, 5 (5): 321 - 335.

[98] Aschauer D. A. Is public expenditure productive? [J]. Journal of Monetary Economics, 1989, 2 (23).

[99] Aschauer D. A. Is public expenditure productive? [J]. Monetary Econ. 1989, 23 (2): 177 - 200.

[100] A. ADF, A. DG, A. NS. On analyzing the vulnerabilities of a railway network with Petri nets [J]. Transportation Research Procedia, 2017, 27: 553 - 560.

[101] Bai J. , Lu J. , Li S. Fiscal pressure, tax competition and environmental pollution [J]. Environ. Resour. Econ. , 2019, 73.

[102] Bank W. Cost of pollution in China: economic estimates of physical Damages [M]. World Bank Publications, 2010.

[103] Baron R. M. , Kenny D. A. The moderator-mediator variable distinction in social psychological research: conceptual, strategic, and statistical considerations [J]. Pers. Soc. Psychol, 1986, 51 (6): 1173.

[104] Beevers S. , Carslaw D. The impact of congestion charging on vehicle emissions in London [J]. Atmos. Environ, 2005, 39 (1): 1 - 5.

[105] Behar A. , Venables A. J. Transport costs and international trade // In A. D. Palma, R. Lindsey, E. Quinet and R. Vickerman (Eds.). A handbook of transport economics [M]. Willston, VT: Edward Elgar Publishing, 2011.

[106] Ben Abdallah K. , Belloumi M. , De Wolf D. International comparisons of energy and environmental efficiency in the road transport sector [J]. Energy, 2015, 93: 2087 - 2101.

[107] Berdica K. An introduction to road vulnerability: what has been done, is done and should be done [J]. Transport Policy, 2002, 9 (2): 117 - 127.

[108] Bian Y. , Song K. , Bai J. Market segmentation, resource misallocation and environmental pollution [J]. Clean. Prod. , 2019, 228: 376 - 387.

[109] Birkmann J. Indicators and criteria. Measuring vulnerability to natural hazards: Towards disaster resilient societies [J]. J. Birkmann, 2006: 55 −77.

[110] Bonilla D. , Keller H. , Schmiele J. Climate policy and solutions for green supply chains: Europe's predicament [J]. Supply Chain Management: An International Journal, 2015, 20 (3): 249 −263.

[111] Bonilla D. Air power and freight: The view from the European Union and China [M]. Springer, 2019.

[112] Bourgois P. , Holmes S. M. , Sue K. , et al. Structural vulnerability: operationalizing the concept to address health disparities in clinical care [J]. Academic Medicine, 2016, 92 (3): 1.

[113] Cao C. Measuring sustainable development efficiency of urban logistics industry [M]. Mathematical Problems in Engineering, 2018: 1 −9.

[114] Cassady A. , Dutzik T. , Figdor E. More highways, more pollution: road building and air pollution in America's cities [M]. Environment California Research and Policy Center, 2004.

[115] Chang T. , Zivin J. , Gross T. , Neidell M. Particulate pollution and the productivity of pear packers [J]. Am. Econ. J. Econ. Pol. , 2016, 8: 141 − 169.

[116] Chen J. , Wang P. , Cui L. , Huang S. , Song M. Decomposition and decoupling analysis of CO_2 emissions in OECD [J]. Appl. Energy. 2018, 231: 937 −950.

[117] Chen R. , Kan H. , Chen B. , Huang W. , Bai Z. , Song G. , Pan G. , Group C. C. Association of particulate air pollution with daily mortality: the China air pollution and health effects study [J]. Am. J. Epidemiol, 2012, 175 (11): 1173 −1181.

[118] Chen Y. , Whalley A. Green infrastructure: the effects of urban rail transit on air quality [J]. Am. Econ. J. Econ. Pol. , 2012, 4: 58 −97.

[119] Chen Z. , Haynes K. E. Impact of high-speed rail on regional economic disparity in China [J]. Journal of Transport Geography, 2017, 2 (65).

[120] Cheng Y. , Ren J. , Chen Y. , Xu C. Spatial evolution and driving

mechanism of China's environmental regulation efficiency [J]. Geogr. Res. , 2016, 35 (1): 123 – 136.

[121] Cheong T. S. , Li V. J. , Shi X. P. Regional disparity and convergence of electricity consumption in China: A distribution dynamics approach [J]. China Econ. Rev. , 2019, 58.

[122] Chin A. T. H. Containing air pollution and traffic congestion: transport policy and the environment in Singapore [J]. Atmos. Environ. , 1996, 30 (5): 787 – 801.

[123] Chu Z. Logistics and economic growth: A panel data approach [J]. Annals of Regional Science, 2012, 1 (49).

[124] Co-operation, Development, O. F. E. OECD environmental strategy for the first decade of the 21st century: Adopted by OECD environmental ministers [M]. OECD, 2001.

[125] Cui Q. , Li Y. , Lin J. l. Pollution abatement costs change decomposition for airlines: An analysis from a dynamic perspective [J]. Transp. Res. Part A Transp. Policy and Practice, 2018, 111: 96 – 107.

[126] Cui Q. Will airlines' pollution abatement costs be affected by CNG2020 strategy? An analysis through a network environmental production function [J]. Transp. Res. Part D. Transp. Environ. , 2017, 57: 141 – 154.

[127] Dannenberg A. , Mennel T. , Moslener U. What does Europe pay for clean energy? -Review of macroeconomic simulation studies [J]. Energy Policy. 2008, 36: 1318 – 1330.

[128] Dennehy E. R. , Gallachóir B. P. Ó. Expost decomposition analysis of passenger car energy demand and associated CO_2 emissions [J]. Transp. Res. Part D Transp. Environ. 2018, 59: 400 – 416.

[129] Dong C. , Kong L. A study on transportation infrastructure and upgrading of industrial structure in China [J]. Lecture Notes Electr. Eng. , 2013, 185: 727 – 735.

[130] Donkelaar A. , Martin R. V. , Brauer M. , Kahn R. , Levy R. , Verduzco C. , Villeneuve P. J. Global estimates of ambient fine particulate matter

concentrations from satellite-based aerosol optical depth: development and application. Environ [J]. Health Perspect, 2010, 118 (6): 847 – 855.

[131] Eggleston S., Buendia L., Miwa K., Ngara T., Tanabe K. 2006 IPCC guidelines for national greenhouse gas inventories. Institute for global environmental strategies Hayama [R]. Intergovernmental Panel on Climate Change, 2006.

[132] Elhorst J. Spatial econometrics [M]. From Cross-Sectional Data to Spatial Panels, 2014.

[133] Enevoldsen M. K., Ryelund A. V., Andersen M. S. Decoupling of industrial energy consumption and CO_2-emissions in energy-intensive industries in Scandinavia [J]. Energy economics, 2007, 29 (4): 665 – 692.

[134] Ertugrul H. M., Cetin M., Seker F., Dogan E. The impact of trade openness on global carbon dioxide emissions: evidence from the top ten emitters among developing countries [J]. Ecol. Indic. 2016, 67: 543 – 555.

[135] Faber B. Trade integration, market size and industrialization: evidence from China's national trunk highway system [J]. Rev. Econ. Stud., 2014, 81: 1046 – 1070.

[136] Fan V. Y., Perry S., Klemeš J. J., Lee C. T. A review on air emissions assessment: Transportation [J]. Clean. Prod. 2018, 194: 673 – 684.

[137] Fotheringham A. S., O'Kelly M. E. Spatial interaction models: Formulations and applications [J]. Kluwer academic publishers dordrecht, 1989.

[138] Färe R., Grosskopf S., Pasurka C. A. Environmental production functions and environmental directional distance functions [J]. Energy, 2007, 32 (7): 1055 – 1066.

[139] Gani A. The logistics performance effect in international trade [J]. Asian journal of shipping & logistics, 2017, 4 (33).

[140] Gooley T. B. The geography of logistics [J]. Logistics management and distribution report, 1998, 37 (1): 63 – 65.

[141] Hammond G. P., Norman J. B. Decomposition analysis of energy-related carbon emissions from UK manufacturing [J]. Energy, 2012, 41 (1):

220 – 227.

［142］ Hao Y. , Liao H. , Wei Y. M. Is China's carbon reduction target allocation reasonable? An analysis based on carbon intensity convergence ［J］. Appl. Energy, 2015, 142: 229 – 239.

［143］ Hausman W. H. , Lee H. L. , Subramanian U. The impact of logistics performance on trade ［J］. Production & operations management, 2013, 2 (22).

［144］ Havko J. , Titko M. Vulnerability of the city infrastructure as a part of the resilient city concept ［J］. Procedia Engineering, 2017, 192: 307 – 312.

［145］ He G. , Xie Y. , Zhang B. Expressways, GDP and the environment: the case of China ［J］. Dev. Econ, 2020, 145: 102 – 485.

［146］ Husted B. W. , Salazarb J. Reducing inequalities: toward the development of a market for income inequality ［M］. J. Clean. Prod. 2020: 245.

［147］ Im H. J. Implications of Korean foreign direct investment in China on its trade balance ［J］. Journal of Korea trade, 2007, 1 (11).

［148］ IPCC: Index. In: Global Warming of 1.5℃. An IPCC Special Report on the impacts of global warming of 1.5℃ above pre – industrial levelsand related global greenhouse gas emission pathways, in the context ofstrengthening the global response to the threat of climate change, sustainabledevelopment, and efforts to eradicate poverty ［R］. IPCC, 2018.

［149］ IPCC. Climate change 2014: Synthesis report. Contribution of Working Groups Ⅰ, Ⅱ and Ⅲ to the Fifth Assessment Report of the Intergovernmental Panel onClimate Change ［R］. IPCC, Geneva, Switzerland, 2014.

［150］ Jacobs W. , Koster H. R. A. , van Oort, F. Co-agglomeration of knowledge-intensive business services and multinational enterprises ［J］. Econ. Geogr. , 2014, 14 (2): 443 – 475.

［151］ Jia R. , Fan M. , Shao S. , Yu Y. Urbanization and haze-governance performance: evidence from China's 248 cities ［J］. Environ. Manage. , 2021b, 288: 112 – 436.

［152］ Jia R. , Shao S. , Yang L. High-speed rail and CO_2 emissions in urban China: a spatial difference-in-differences approach [J]. Energy Econ., 2012b, 99: 105 –271.

[153] Jun J. S. , Wang S. H. The effects of Korea's direct investment on exports: evidence from country-industry panel data [J]. Korea Trade Review, 2015, 4 (40).

[154] Ka Bian. Application of fuzzy AHP and ELECTRE to China dry port location selection [J]. Asian journal of shipping and logistics, 2011, 27 (2): 331 –354.

[155] Kang B. K. , Lee K. S. An empirical analysis on trade effect of regional economic integration scenarios in East Asia [J]. Korea Trade Review, 2009, 2 (34).

[156] Kang D. Y. , Jeon Y. S. An analysis on the economic effects of China FTA [J]. Journal of international area studies, 2014, 1 (18).

[157] Kayikci Y. A conceptual model for intermodal freight logistics centre location decisions [J]. Procedia-social and behavioral sciences, 2010, 2 (3): 6297 –6311.

[158] Krsul IV. Software vulnerability analysis [M]. Indiana-IN: Purdue University, 1998.

[159] Lacis A. A. , Schmidt G. A. , Rind D. , Ruedy R. A. Atmospheric CO_2: Principalcontrol knob governing earth's temperature [J]. Science, 2010, 330 (6002): 356 –359.

[160] Lai K. H. , Yu P. , Wong W. Y. , Lun Y. H. , Eppie, Y. N. Are trade and transport logistics activities mutually reinforcing? Some empirical evidences from ASEAN countries [J]. Journal of shipping and trade, 2019, 1 (4).

[161] Lan J. , Kakinaka M. , Huang X. Foreign direct investment, human capital and environmental pollution in China [J]. Environ. Resour. Econ. , 2012, 51 (2): 255 –275.

[162] Lattila L. , Henttu V. , Hilmol O. Hinterland operations of sea ports do matter: Dry port usage effects on transportation costs and CO_2 emissions

[J]. Transportation research Part E: logistics and transportation review, 2013, 55: 23 – 42.

[163] Lee Choong-Bae. A study on evaluating competitiveness of China's inland ports [J]. International commerce and information review, 2018, 20 (2): 301 – 322.

[164] Lee P. , Brook J. , Dabek E. , Mabury S. Identification of the major sources contributing to PM2. 5 observed in toronto [J]. Environ. Sci. Technol. , 2003, 37: 4831 – 4840.

[165] Lee Tae-Woo, Sung-Woo Lee, Zhi-Hua Hu, Kyoung-Suk Choi, Na-Young-Hwan Choi and Sung-Ho Shin. Promoting Korean international trade in the east sea economic rim in the context of the Belt and Road initiative [J]. Journal of Korea trade, 2018, 22 (3): 212 – 227.

[166] Li C. , Wang L. Evaluation of road traffic vulnerability in urban agglomerations based on entropy weight-TOPSIS model [J]. MATEC web of conferences, 2020, 325.

[167] Li J. , Lin B. Does energy and CO_2 emissions performance of China benefit from regional integration? [J]. Energy Pol. , 2017, 101: 366 – 378.

[168] Li M. , Wang Q. International environmental efficiency differences and their determinants [J]. Energy, 2014, 78: 411 – 420.

[169] Li Y. , Du Q. , Lu X. , Wu J. , Han X. Relationship between the development and CO_2 emissions of transport sector in China [J]. Transp. Res. Part D Transp. Environ. , 2019, 74: 1 – 14.

[170] Liu H. , Zhang Y. , Zhu Q. , Chu J. Environmental efficiency of land transportation in China: A parallel slack-based measure for regional and temporal analysis [J]. Clean. Prod. , 2017, 142: 867 – 876.

[171] Liu Y. , Hao Y. The dynamic links between CO_2 emissions, energy consumption and economic development in the countries along "the Belt and Road" [J]. Sci. Total Environ. , 2018, 645: 674 – 683.

[172] Liu Z. , Jiang Y. , Bolayog D. Does "replacing business tax with value-added tax" promote the energy efficiency of the logistics industry in China?

[J]. Environ. Sci. Pollut. Res. Int. , 2019, 26 (32): 33169 –33180.

[173] Luathep P. , Sumalee A. , Ho H. W. , et al. Large scale road network vulnerability analysis: A sensitivity analysis based approach [J]. Transportation, 2011, 38 (5): 799 –817.

[174] Luo Y. , Long X. , Wu C. , Zhang J. Decoupling CO_2 emissions from economic growth in agricultural sector across 30 Chinese provinces from 1997 to 2014 [J]. Clean. Prod. , 2017, 159: 220 –228.

[175] Magazzino C. Is per capita energy use stationary? Panel data evidence for the EMU countries [J]. Energy exploration & exploitation, 2016, 34 (3): 440 –448.

[176] Mahmood H. , Alkhateeb T. T. Y. , Furqan M. Industrialization, urbanization and CO_2 emissions in Saudi Arabia: Asymmetry analysis [J]. Energy reports, 2020, 6: 1553 –1560.

[177] Maparu T. S. , Mazumder T. N. Transport infrastructure, economic development and urbanization in India (1990 –2011): Is there any causal relationship? [J]. Transp. Res. Part A: Policy Practice. , 2017, 100: 319 –336.

[178] Marcotullio P. J. , Williams E. , Marshall J. D. Faster, sooner and more simultaneously: How recent road and air transportation CO emission trends in developing countries differ from historic trends in the United States [J]. J. Environ. Dev. , 2005, 14 (1): 125 –148.

[179] Mehdi S. -K. , Hossein A. , Amin K. , Ashkan N-P. Analytical investigation of the effects of dam construction on the productivity and efficiency of farmers [J]. Clean. Prod. , 2016, 135: 549 –557.

[180] Menegaki A. N. The ARDL Method in the energy-growth nexus field: best implementation strategies [J]. Economies, 2019, 7 (4): 105.

[181] Mi Z. , Meng J. , Guan D. , Shan Y. , Song M. , Wei Y. M. , Liu Z. , Hubacek K. Chinese CO_2 emission flows have reversed since the global financial crisis [J]. Nat. comm. 2017, 8 (1): 1712.

[182] Miura H. An analysis of transport network with respect to shortening transport time [J]. Pap. City Plan. , 1998, 33: 313 –318.

[183] Mohsin M. , Naseem S. , Ziaur-Rehman M. , Baig S. A. , Salamat S. The crypto-trade volume, GDP, energy use and environmental degradation sustainability: An analysis of the top 20 crypto-trader countries [J]. International Journal of Finance & Economics, 2020.

[184] Monios J. , Wang Y. H. Spatial and institutional characteristics of inland port development in China [J]. Journal of Transport Geography, 2013, 5 (78).

[185] Monios J. , Wilmsmeier G. The role of intermodal transport in port regionalisation [J]. Transport Policy, 2013, 30: 161 – 172.

[186] Moura T. G. Z. , Chen Z. L. , Lorena G. A. Spatial interaction effects on inland distribution of maritime flows [J]. Transportation Research Part A: Policy and Practice, 2019, 128: 1 – 10.

[187] Nicolas R. From regional planning to port regionalization and urban logistics. The inland port and the governance of logistics development in the Paris region [J]. Journal of Transport Geography, 2019, 78: 205 – 213.

[188] Ozturk I. , Acaravci A. CO_2 emissions, energy consumption and economic growth in Turkey [J]. Renewable and Sustainable Energy Reviews, 2010, 14 (9): 3220 – 3225.

[189] Ozturk I. , Acaravci A. The long-run and causal analysis of energy, growth, openness and financial development on carbon emissions in Turkey [J]. Energy Economics, 2013, 36: 262 – 267.

[190] O'Kelly M. E. & Bryan D. L. Hub location with flow economic of scal [J]. Transportation Research Part B: Methodological, 1998, 32B: 605 – 616.

[191] O'Kelly M. E. Bryav D. Hub network design with single and multiple alloeation: A computational study [J]. Location Science, 1996: 125 – 138.

[192] Pao H. -T. , Fu H. -C. Renewable energy, non-renewable energy and economic growth in Brazil [J]. Renewable and Sustainable Energy Reviews, 2013, 25: 381 – 392.

[193] Parent O. , LeSage J. P. Using the variance structure of the condi-

tional autoregressive spatial specification to model knowledge spillovers [J]. Appl. Econom. , 2008, 23 (2): 235 – 256.

[194] Pata U. K. The effect of urbanization and industrialization on carbon emissions in Turkey: Evidence from ARDL bounds testing procedure [J]. Environmental Science and Pollution Research, 2018, 25 (8): 7740 – 7747.

[195] Paul S. , Bhattacharya R. N. CO_2 emission from energy use in India: a decomposition analysis [J]. Energy Policy, 2004, 32 (5): 585 – 593.

[196] Pedroni P. Panel cointegration: asymptotic and finite sample properties of pooled time series tests with an application to the PPP hypothesis [J]. Econometric Theory, 2004, 20 (3): 597 – 625.

[197] Pesaran M. , Shin Y. , Smith R. J. Bounds testing approaches to the analysis of level relationships [J]. Journal of Applied Econometrics, 2001, 16 (3): 289 – 326.

[198] Pesaran M. General diagnostic tests for cross section dependence in panels [J]. The CESifo Group & Institute for the Study of Labor, 2004.

[199] Pesaran M. H. , Shin Y. , Smith R. P. Pooled estimation of long-run relationships in dynamic heterogeneous panels [M]. Cambridge Working Papers in Economics 9721, Faculty of Economics, University of Cambridge, 1997.

[200] Pesaran M. H. , Smith R. Estimating long-run relationships from dynamic heterogeneous panels [J]. Journal of Econometrics, 1995, 68 (1): 79 – 113.

[201] Phillips P. C. B. , Perron P. Testing for a unit root in time series regression [J]. Biometrika, 1988, 75 (2): 335 – 346.

[202] Platform G. G. K. Moving towards a common approach on green growth indicators [J]. A Green Growth Knowledge Platform Scoping Paper, 2013, 46.

[203] Poumanyvong P. , Kaneko S. Does urbanization lead to less energy use and lower CO_2 emissions? A cross-country analysis [J]. Ecological Economics, 2010, 70 (2): 434 – 444.

[204] Raheem I. D. , Ogebe J. O. CO_2 emissions, urbanization and indus-

trialization [J]. Management of Environmental Quality: An International Journal, 2017, 28 (6): 851 –867.

[205] Rahman M. M. , Alam K. Exploring the driving factors of economic growth in the world's largest economies [J]. Heliyon, 2021, 7 (5): e07109.

[206] Rahman M. M. , Kashem M. A. Carbon emissions, energy consumption and industrial growth in Bangladesh: empirical evidence from ARDL cointegration and granger causality analysis [J]. Energy Policy, 2017, 110: 600 –608.

[207] Rahman M. M. , Velayutham E. Renewable and non-renewable energy consumption-economic growth nexus: new evidence from South Asia [J]. Renewable Energy, 2020, 147: 399 –408.

[208] Raimbault N. From regional planning to port regionalization and urban logistics. The inland port and the governance of logistics development in the Paris region [J]. Journal of Transport Geography, 2019, 78: 205 –213.

[209] Rasi R. E. A Cuckoo search algorithm approach for multi objective optimization in reverse logistics network under uncertainty condition [J]. International Journal of Supply and Operations Management, 2018, 5.

[210] Rauf A. , Zhang J. , Li J. , Amin W. Structural changes, energy consumption and carbon emissions in China: empirical evidence from ARDL bound testing model [J]. Structural Change and Economic Dynamics, 2018, 47: 194 –206.

[211] Rehman A. , Ma H. , Ahmad M. , Irfan M. , Traore O. , Chandio A. A. Towards environmental sustainability: Devolving the influence of carbon dioxide emission to population growth, climate change, forestry, livestock and crops production in Pakistan [J]. Ecological Indicators, 2021, 125: 107 – 460.

[212] Rehman M. U. , Rashid M. Energy consumption to environmental degradation, the growth appetite in SAARC nations [J]. Renewable Energy, 2017, 111: 284 –294.

[213] Rosenstein-Rodan P. Problems of industrialization of eastern and

south-eastern europe [J]. Economic Journal, 1943, 10 (53).

[214] Roso V. , K. Lumsden. The dry port concept: Connecting container seaports with the hinterland [J]. Journal of Transport Geography, 2009, 17 (5): 338 – 345.

[215] Rostow W. W. The stages of economic growth: A non-communist manifesto [M]. Cambridge: Cambridge University Press, 1960.

[216] Sahoo M. , Sethi, N. Impact of industrialization, urbanization and financial development on energy consumption: empirical evidence from India [J]. Journal of Public Affairs, 2020, 20 (3): e2089.

[217] Saidi S. , Hammami S. Modeling the causal linkages between transport, economic growth and environmental degradation for 75 countries [J]. Transportation Research Part D: Transport and Environment, 2017, 53: 415 – 427.

[218] Santos T. , G. Soares. Development dynamics of the Portuguese range as a multi-port gateway system [J]. Journal of Transport Geography, 2017, 60: 178 – 188.

[219] Santos T. , Soares G. Development dynamics of the portuguese range as a multiport gateway system [J]. Journal of Transport Geography, 2017, 60: 178 – 188.

[220] Saud S. , Chen S. , Danish Haseeb A. Impact of financial development and economic growth on environmental quality: An empirical analysis from "Belt and Road" initiative (BRI) countries [J]. Environmental Science and Pollution Research, 2019, 26 (3): 2253 – 2269.

[221] Shafique M. , Azam A. , Rafiq M. , Luo X. Evaluating the relationship between freight transport, economic prosperity, urbanization, and CO_2 emissions: evidence from Hong Kong, Singapore, and South Korea [J]. Sustainability, 2020, 12 (24): 10664.

[222] Shahbaz M. , Salah Uddin G. , Ur Rehman I. , Imran K. Industrialization, electricity consumption and CO_2 emissions in Bangladesh [J]. Renewable and Sustainable Energy Reviews, 2014, 31: 575 – 586.

[223] Sheng P. , Guo X. The long-run and short-run impacts of urbanization

on carbon dioxide emissions [J]. Economic Modelling, 2016, 53: 208 - 215.

[224] Shi X. P. , Yao L. X. Prospect of China's Energy Investment in Southeast Asia under the Belt and Road Initiative: A sense of ownership perspective [J]. Energy Strategy rev. , 2019, 25: 56 - 64.

[225] Shirley C. , Winston C. Firm inventory behavior and the returns from highway infrastructure investments [J]. Urban Econ. , 2004, 55 (2): 398 - 415.

[226] Sikder M. , Wang C. , Yao X. X. , Huai X. , Wu L. M. , Yeboah F. K. , Wood J. , Zhao Y. L. , Dou X. C. The integrated impact of GDP growth, Industrialization, Energy use, and urbanization on CO_2 emissions in developing countries: Evidence from the panel ARDL approach [J]. Science of The Total Environment, 2022, 837: 155 - 795.

[227] Snežana T, Mladen K, Nikolina B. Selection of efficient types of inland intermodal terminals [J]. Journal of Transport Geography, 2019, 78: 170 - 180.

[228] Song M. , Zhang G. , Zeng W. , Liu J. , Fang K. Railway transportation and environmental efficiency in China [J]. Transport. Res. Transport Environ. , 2016, 48: 488 - 498.

[229] Stocker T. Climate change 2013: The physical science basis: Working group I contribution to the fifth assessment report of the intergovernmental panel on climate change [M]. Cambridge University Press, 2014.

[230] Sulaiman C. , Bala U. , Tijani B. A. , Waziri S. I. , Maji I. K. Human capital, technology, and economic growth: Evidence from Nigeria [J]. SAGE Open, 2015, 5 (4).

[231] Tadic S. , Krstic M. , Brnjac N. Selection of efficient types of inland intermodal terminals [J]. Journal of Transport Geography, 2019 (78).

[232] Tapio P. Towards a theory of decoupling: Degrees of decoupling in the EU and the case of road traffic in Finland between 1970 and 2001 [J]. Transport Policy, 2005, 12 (2): 137 - 151.

[233] Taylor, Christopher, Rahimi, et al. Simultaneous localization, calibration, and tracking in anadhoc sensor network [J]. International Journal

of Hospitality Management, 2005, 46 (2): 26 - 35.

[234] Theil H. Economics and information theory [M]. North-Holland, Amsterdam, 1967.

[235] Timmerman P. Vulnerability. Resilience and the collapse of socieiy: A review of models and possible climatic applications [J]. Environmental Monograph, Institute for Environmental Studies, 1981.

[236] Tonne C., Beevers S., Armstrong B., Kelly F., Wilkinson P. Air pollution and mortality benefits of the London congestion charge: Spatial and socioeconomic inequalities [J]. Occup. Environ. Med., 2008, 65 (9): 620 - 627.

[237] Usman A., Mohsin I., Hassan A., Maria Zafar S., Ullah S. The effect of ICT on energy consumption and economic growth in South Asian economies: An empirical analysis [J]. Telematics and Informatics, 2021, 58: 101 - 537.

[238] Usman M., Hammar N. Dynamic relationship between technological innovations, financial development, renewable energy and ecological footprint: Fresh insights based on the STIRPAT model for Asia Pacific economic cooperation countries [J]. Environmental Science and Pollution Research, 2021, 28 (12): 15519 - 15536.

[239] Veenstra A., Zuidwijk R. Van A. E. The extended gate concept for container terminals: Expanding the notion of dry ports [J]. Maritime Economics & Logistics, 2012, 14 (1): 14 - 32.

[240] Wang C., Chu W. L., Kim C. Y. The impact of logistics infrastructure development in China on promotion of Sino - Korea trade: The case of inland port under the Belt and Road initiative [J]. Journal of Korea Trade, 2020, 24 (2): 68 - 82.

[241] Wang C., Kim Y - S., Wang C., Kim C. Y. Astudy on causal relationship between logistics infrastructure and economic growth: Empirical evidence in Korea [J]. Journal of Korea Trade, 2021, 25 (1): 18 - 33.

[242] Wang C., Kim Y. S., Kim C. Y. Causality between logistics infra-

structure and economic development in China [J]. Transport Policy, 2021 (100): 49 – 58.

[243] Wang C., Wood J., Geng X. R., Wang Y. J., Long X. L. CO_2 emission in transportation sector across 51 countries along the Belt and Road from 2000 to 2014 [J]. Journal of Cleaner Production, 2020a, 266.

[244] Wang C., Wood J., Geng X. R., Wang Y. J., Qiao C. Y., Long X. L. Transportation CO_2 emission decoupling: Empirical evidence from countries along the belt and road [J]. Journal of Cleaner Production, 2020b, 263.

[245] Wang C., Zhao Y. L., Wang Y. J., Wood J., Kim C. Y., LI Y. Transportation CO_2 emission decoupling: An assessment of the Eurasian logistics corridor [J]. Transportation Research Part D: Transport and Environment, 2020, 86.

[246] Wang C., Chu W. L., Kim C. Y. The impact of logistics infrastructure development in China on the promotion of Sino-Korea trade: the case of inland port under the Belt and Road initiative [J]. Journal of Korea Trade, 2020, 24 (2): 68 – 82.

[247] Wang C., Kim Y. S., Kim C. Y. Causality between logistics infrastructure and economic development in China [J]. Transport Policy, 2021, 100: 49 – 58.

[248] Wang C., Wood J., Geng X. R., et al. CO_2 emission in transportation sector across 51 countries along the Belt and Road from 2000 to 2014 [J]. Journal of Cleaner Product, 2020, 266.

[249] Wang C., Wood J., Geng X. R., Wang Y. J., Qiao C. Y., Long X. L. Transportation CO_2 emission decoupling: Empirical evidence from countries along the belt and road [J]. Clean. Prod., 2020, 263.

[250] Wang C., Zhao Y. L., Wang Y. J., et al. Transportation CO_2 emission decoupling: An assessment of the Eurasian logistics corridor [J]. Transportation Research Part D: Transport and Environment, 2020, 86.

[251] Wang L., Chen Y., Wang C. Research on evolutionary model of urban rail transit vulnerability based on computer simulation [J]. Neural Com-

puting and Applications, 2020, 32 (1): 195 - 204.

[252] Wang P. Y. , Choi C. H. Determinants for trade volume between Korea and China's local government by gravity model [J]. Korea Trade Review, 2014, 4 (39).

[253] Wang Q. , Zhang F. Y. Does increasing investment in research and development promote economic growth decoupling from carbon emission growth? An empirical analysis of BRICS countries [J]. Clean. Prod. , 2020, 252: 119 - 853.

[254] Wang Y. , Zhu Q. , Geng Y. Trajectory and driving factors for GHG emissions in the Chinese cement industry [J]. Clean. Prod. , 2013, 53: 252 - 260.

[255] Wiegmans B. , Witte P. , Spit T. Characteristics of European inland ports: a statistical analysis of inland waterway port development in Dutch municipalities [J]. Transportation Research Part A: Policy and Practice, 2015, 78: 566 - 577.

[256] William W. Hay, railroad engineering [M]. Wiley, 1982.

[257] Wilmsmeier G. , Monios J. , Lamber B. The directional development of intermodal freight corridors in relation to inland terminals [J]. Journal of Transport Geography, 2011, 19 (6): 1379 - 1386.

[258] Witte P. , B. Wiegmans and A. K. Y. Ng. A critical review on the evolution and development of inland port research [J]. Journal of Transport Geography, 2019, 74: 53 - 61.

[259] Witte P. , Wiegmans B. , Van O. F. Governing inland ports: A multidimensional approach to addressing inland port-city challenges in European transport corridors [J]. Journal of Transport Geography, 2014, 36: 42 - 52.

[260] Xie R. , Fang J. , Liu C. The effects of transportation infrastructure on urban carbon emissions [J]. Applied Energy. , 2017, 196: 199 - 207.

[261] Xu B. , Lin B. How industrialization and urbanization process impacts on CO_2 emissions in China: Evidence from nonparametric additive regression models [J]. Energy Economics, 2015, 48: 188 - 202.

［262］Xu J. H. , Fleiter T. , Eichhammer W. , Fan Y. Energy consumption and CO_2 emissions in China's cement industry: A perspective from LMDI decomposition analysis ［J］. Energy Policy. , 2012, 50: 821 – 832.

［263］Yildirim Z. , Yasa A. A. The relation between the budget deficit and energy demand in the selected European countries and Turkey: Panel cointegration analysis ［J］. International Journal of Trade, Economics and Finance, 2014, 5 (6): 482.

［264］Zafar A. , Ullah S. , Majeed M. T. , Yasmeen R. Environmental pollution in Asian economies: Does theindustrialisation matter? ［J］. OPEC Energy Review, 2020, 44 (3): 227 – 248.

［265］Zeb R. , Salar L. , Awan U. , Zaman K. , Shahbaz M. Causal links between renewable energy, environmental degradation and economic growth in selected SAARC countries: Progress towards green economy ［J］. Renewable Energy, 2014, 71: 123 – 132.

［266］Zhang J. R. , Zeng W. H. , Wang J. N. , Yang F. L. , Jiang H. Q. Regional low-carbon economy efficiency in China: Analysis based on the super-SBM model with CO_2 emissions ［J］. Clean. Prod. , 2017a, 163: 202 – 211.

［267］Zhang K. , Shao S. , Fan S. Market integration and environmental quality: Evidence from the Yangtze river delta region of China ［J］. Environ. Manag. , 2020, 261: 110 – 208.

［268］Zhang L. , Pang J. , Chen X. , Lu Z. Carbon emissions, energy consumption and economic growth: Evidence from the agricultural sector of China's main grain-producing areas ［J］. Science of the Total Environment, 2019, 665: 1017 – 1025.

［269］Zhang N. , Liu Z. , Zheng X. , Xue J. Carbon footprint of China's belt and road ［J］. Science, 2017, 357 (6356): 1107 – 1107.

［270］Zhang S. Environmental Kuznets curve revisit in central asia: The roles of urbanization and renewable energy ［J］. Environmental Science and Pollution Research, 2019, 26 (23): 23386 – 23398.

[271] Zhang Y. , Khan S. A. R. , Kumar A. , Golpîra H. , Sharif A. Is tourism really affected by logistical operations and environmental degradation? An empirical study from the perspective of Thailand [J]. Clean. Prod. , 2019, 227: 158 – 166.

[272] Zhao F. , Veldkamp T. I. E. , Frieler K. , Schewe J. , Ostberg S. , Willner S. The critical role of the routing scheme in simulating peak river discharge in global hydrological models [J]. Environ. Res. Lett. , 2017, 12.

[273] Zheng S. , Wang R. , Mak T. M. W. , Hsu S. -C. , Tsang D. C. W. How energy service companies moderate the impact of industrialization and urbanization on carbon emissions in China? [J]. Science of the Total Environment, 2021, 751: 141610.

[274] Zhu F. , Wu X. , Gao Y. Decomposition analysis of decoupling freight transport from economic growth in China [M]. Transport. Res. Transport Environ. , 2020.